臨時教育審議会 こぼればなし

渡部 蓊 編著

クロスカルチャー出版

まえがき

　この書は、臨時教育審議会についてのこぼればなしを集めたものです。ある教育改革の一側面として、意見・資料・見聞などを収録したものです。臨時教育審議会が解散して三十年余が経ちました。終了後はあまり話題にはなっていないようですが、"教育改革"を考えるときのひとつの材料になれば、との思いから、まとめたものです。

　編著者は、政策・提言の形成、その展開および結果について、少しばかりの関心を持っていました。本書は、そうしたことから、

ア　　　活動・活躍の分野・領域は異なりますが、それぞれ実績のある方々がSolution-oriented、実現性など現実的な視点で議論し、まとめられた教育改革の提言の余話・こぼればなしです。答申には直接は出てこない、あるいは提言に至るまでの道程、さらにはその後の話しなどの寄せ集めです。

イ　　　政策的・戦略的および実務・実際的な解決の観点から、教育改革をどのように考え、取り組んだのか、実務家の検討の際の一資料になれば、幸いです。

ウ　　　まとめるに際しては、あらかじめ、質問や関心事項を整理しました。質疑応答的になっているのは、そのためです。また、編著者の取り上げ方は、体系的でなく、一面的・個人的・主観的で偏見があるかもしれません。アカデミズムからは離れ、学術出版とはいえない随想的・回想的なものです。できるだけ当事者の見解、資料に即しましたが、編著者の問題意識の低さ、非才からそうした意見・説明をどこまで咀嚼できたかは、疑問です。思い違い・思い込みを恐れます。

エ　　　人物素描で紹介した臨教審委員などの著作は、教育論・教育改革論に限らず、委員そのひとの歩み・考え方も含めたものを選びました。委員の考え方を深めることに役立てば、編著者の喜びです。

この書は、公表・公刊されている資料・著作、すでに指摘されている問題・見聞、マスメディアの方々の報道・所見、そのほかの伝聞・仄聞をまとめ、整理したものにすぎません。記憶が薄れ、ぼんやりした見解・見方も含んでいます。特定人とはっきりしないもの、提供者を明言できない情報をも含んでいます。また、重要なことであっても全く思い出せないこともあるかもしれません。以上のように多様な情報の寄せ集めであることから、編著『臨時教育審議会　こぼればなし』としました。昭和40年代半ばから昭和60年代初めにかけて教育政策・教育行政、そしてそれらの報道・出版に精力的に取り組まれた各氏には、編著者の力不足と未熟さを恥じ入るばかりです。

　本書の草稿は編著者が京都橘大学清風館文化政策研究室に在籍していたときにまとめ、それを補筆したものです。

　本書の刊行に際しては、多くの方々のご指導・ご鞭撻・ご協力を得ました。感謝申し上げます。ありがとうございました。

2019年（平成31年）1月31日

編著者　渡部　蓊

『臨時教育審議会 こぼればなし』目次

まえがき ……………………………………………………………… 3

第1 臨時教育審議会—回顧と土光臨調との対照 ……………………… 9

臨時教育審議会とは？　臨教審の成果は？　　中曽根康弘元首相の見方・ネガティブな評価　　臨教審答申と文部省の対応　　土光臨調と臨教審とのちがい　　教育改革の足並みは？　　坂田学校、何処へ？　森文部大臣の役割は？

　　資料1　第二次臨時行政調査会（土光臨調）について　19
　　資料2　竹下登『政治とは何か—竹下登回顧録』から　25
　　資料3　『61人が書き残す　政治家　橋本龍太郎』から　25

第2 臨教審をめぐる中曽根首相と自民党文教族・文部省 ……………… 28

森喜朗元文部大臣の臨教審設置のウラ話し　　ポスト坂田学校、中曽根首相の「七つの構想」　　教育基本法の改正は？　　中曽根首相の意向と臨教審　　京都座会の提言と自民党文教族・文部省　　自民党文教族と臨教審のコンタクト

　　資料4　森喜朗著・聞き手田原総一朗『日本政治のウラのウラ　証言・政界50年』　28
　　資料5　森喜朗氏の中曽根教育改革の見方　29
　　資料6　臨時教育審議会関連　略年表　33
　　資料7　中曽根康弘首相の私的懇談会「文化と教育に関する懇談会」報告（抄）　37
　　資料8　世界を考える京都座会（座長　松下幸之助）「学校教育活性化のための七つの提言　39

第3 "自由化"に踊らされた？　文部省初等中等教育局 …………………… 45

「自由化」とは？　　「自由化」は市場原理？　米国公教育の歴史をどう見るか　　公立学校教育と学校区の統合・選択の縮小　　「School for Public」の意味　　荒れる学校、多発する問題行動・低年齢化

「自由化」論に過剰反応？　の文部省初等中等教育局　　「自由化」の意味は？　　第三部会は多様化・柔軟化・弾力化？

　　　資料9　加藤寛氏の説明（臨教審第一部会ヒアリング〈昭和60年1月9日〉から）　55

　　　コラム1　臨教審の"自由化"論とは？　46

　　　コラム2　オランダの教育の自由とは？　53

第4　臨教審の組織と運営─その難しさは？ ……………………………… 62
臨教審答申の構造・答申への取り組み　　答申への対処のしかた（第三部会・第四部会）　　臨教審の委員・専門委員の選任と構成　　専門委員の専門とは？　　専門委員の意見の反映は？　　臨教審の委員の素顔

　　　資料10　臨教審委員・専門委員の選考と中曽根メモ（森喜朗著・聞き手田原総一朗『日本政治のウラのウラ　証言・政界50年』から）　69

第5　文部省の臨教審対応と臨教審事務局の編成 ……………………… 76
文部省の臨教審についての受け止め方　　"臨教審事務局を文部省の影響下に置いたのは失敗"（中曽根元首相）　　文部事務次官の臨教審事務局長併任　　佐野氏の役割と重責、文部省の対応　　権威ある事務局ではなく、権威ある審議会へ　　審議の主体は委員、そして専門委員　　臨教審事務局の調査員　　臨教審事務局その他

第6　中教審「46答申」は"歴史的遺産"？ ……………………………… 89
中教審「46答申」の評価は？　　46答申、天城勲氏の無念　　臨教審の会議運営、劇場型・見える化？　　46答申、その後（高等教育機関の類型化・国立大学の法人化）　　田中角栄首相と教員給与の改善・人確法の制定　　学校体系の改革─バイパスの導入と選択的設置

　　　資料11　西田亀久夫氏「46答申について」臨教審第一部会ヒアリング（昭和59年11月28日）から　95

『臨時教育審議会 こぼればなし』目次

第7 審議の補完―ウラ第三部会? 教育問題懇話会 …………………… 102
有田一寿 第三部会長・齋藤正 部会長代理の責務　全国学力調査の
中止　「中学校卒業程度認定試験」の実施、就学義務偏重の是正?
必要に迫られた?　教育問題懇話会　教育問題懇話会とは?
第三部会と文部省初等中等教育局との関係は?
　　　資料12　第三部会の構成について　107

第8 第一部会と第三部会の対立? ……………………………………… 111
教科書制度改革の摺り合せ　石川忠雄運営委員会委員長の調整
教科書検定の透明性・簡潔性　「教職」の考え方、実践的な初任者研
修制の提言　教員免許状の修士レベル化の答申は?　臨教審
(特に第一部会・第三部会)、首相の諮問機関としての役割は?

第9 臨教審における教育財政の論議は? ……………………………… 120
土光臨調と臨教審　踏み込み不足?　臨教審の教育財政論議
教育財政と大蔵省・文部省　教育財政の効率化・合理化　秋季
入学と教育財政　幼保一元化問題　教育財政、その視点は?
瀬島龍三氏の回想録から
　　　資料13　石弘光氏「教育と財政について」序「財政学的アプロー
　　　　　　チ」臨教審第一部会ヒアリング(昭和61年7月15日)から
　　　　　　128
　　　コラム3　学級編制の基準・教職員定数の改善について　121
　　　コラム4　臨教審における教育財政の論議　128

第10 政策官庁としての機能の強化(その1)―教育の本道とは? ……… 134
この提言は?　生涯学習社会の構築―その具体的意見　文部省
の「政策官庁としての機能の強化」は?　小泉改革への対応―義務
教育費国庫負担割合の変更・総額裁量制の導入　行政改革会議・経
済財政諮問会議―政策決定の新方式　三位一体の改革のフォロー
は?　「国立大学法人法等の施行に伴う関係法律の整備に関する法
律」と初等中等学校の教員の処遇　そして、三法律は?　かく
もあっさり、ごっそり、こっそり?　そしてびっくり?　重大な政

7

策の転換、その手続きは？　　舞台から静かに退いた？　　文部科学省
今後の学校人口・教員数の動向

　　　　資料14　三位一体の改革と義務教育費国庫負担割合の変更に関す
　　　　　　　る略年表　144
　　　　コラム5　総額裁量制について　143

第11　政策官庁としての機能の強化（その2）―道、遥か？ ……………… 159

アームズ・レングスの原則　　大浜信泉先生は？　　　信教の自由の
保障と宗教立法の特異性　　教育行政の専門性と一般的な法令
教育行政・教育界のガラパゴス化？　　レイマン・コントロールと
は？　　文部省とCIE―宗教団体・宗教の分野と教育の分野での対応に
相違？　　戦後改革における教育委員会制度の誤解？

　　　　コラム6　竹下登『政治とは何か―竹下登回顧録』から　160
　　　　コラム7　CIEと宗教法人法　162
　　　　コラム8　教育委員会は地方教育行政機関？　それとも学校法人の
　　　　　　　理事会？　166
　　　　コラム9　文部省の復権？　173

第12　リクルート事件　臨教審ルート？ ………………………………… 176

リクルート事件と臨教審？　　リクルート事件とは？　　　リクルー
ト事件、臨教審問題　　西岡武夫文部大臣のけじめ？説　　選挙準
備　　"聞き書き"、その難しさ　　"聞き書き"『法の番人として生
きる　大森政輔　元内閣法制局長官回顧録』　　文部省出身の政治家
教育行政と不祥事　　江副氏の教育課程審議会・大学審議会の委員選
任　　江副氏を臨教審委員から外した理由は？　　　リクルート事件
その後　　中島源太郎文部大臣の励ましのことば「暉光日新」

　　　　資料15　リクルート事件（平成元年）　神山敏雄『［新版］日本の
　　　　　　　経済犯罪―その実情と法的対応』から　178
　　　　資料16　リクルート事件略年史　江副『リクルート事件』その他
　　　　　　　から作成　178
　　　　コラム10　「就職協定」　180

第1　臨時教育審議会—回顧と土光臨調との対照

◇　◇　◇　**臨時教育審議会とは？　臨教審の成果は？**

👀　臨時教育審議会（以下、臨教審と略称）とは、昭和59年（1984）、今から35年ほど前に、内閣総理大臣の教育改革のための諮問機関として設置されました。そこでは、四次にわたり教育改革の答申がなされました。どういうことから臨時教育審議会が設けられ、教育改革の動きになったのか、その結果はどうなったのか、ということから話題にしましょう。臨教審の設置・答申のときの首相であった中曽根康弘さんは、臨教審について肯定的な見方をしている部分もありますが、全体的には失敗だった、との見方です。後年、臨教審・教育改革は失敗だった、最大の悔やみ、とまで言っています。肯定的なのは、臨教審の設置はいじめ・校内暴力などの多発を背景としていましたから、その答申が「豊かな心」の育成などを提唱したことは積極的に評価できるというものです。

👀　中曽根康弘首相の教育改革のキーワードは、精神的バックボーンの確立、「公」の責任、歴史・伝統の尊重（臨教審当時の教育基本法には、これらが欠落し「蒸留水」といわれたことがあります）です。精神的バックボーンは、中曽根さんのブレーンといわれた瀬島龍三さんのことばで表現すると、「立派な人・立派な日本人・立派な国際人」だと思います。そのほか、中曽根さんは、内閣総理大臣就任時から「放牧教育」、「したたかな文化」といっていました。浅利慶太さんは中曽根さんのブレーンといわれていましたが、その浅利さんが政府としての文化・体育の推進方策のとりまとめを文部省中心で行いました。が、文部省が中心となってまとめたものは、ほとんどそのときの施策の羅列でした。「政治は文化の実現」と考えていた中曽根首相としては、新味に欠ける、物足りない、と思ったかもしれません。教育改革を文部省に任せておけない、自ら主体的に行おうとした一因かもしれません。

👀　首相直属の審議会を設けた理由は、「いまの教育問題は、一文部省の問題ではなく、戦後60年の文明病である。社会バブルの崩壊が、今の教育崩壊

の根底にある」との見地からです（柳本卓治『「中曽根康弘」語録』（産経新聞出版　2007.4）。柳本卓治氏は、元中曽根事務所長です。藤波孝生官房長官は、昭和59年9月18日の参議院決算委員会で「（臨教審に教育を専門とする学者の方々が入っていないではないかということにつきましては、）当初から専門的な話に入っていくよりも、やっぱり国民各界のご意見をまず聞いて、そして専門委員をお願いして、委員の方々とその専門委員の方々のいわば共同作業のようにして、論議を深めていっていただくというふうに持っていったらというのが当初からの考えにありまして、ご指摘のようなことになっているところでございます。……まず、初めから政府なり事務局なりで固まったものにしてしまわないで、岡本会長を中心といたしまして臨教審委員の方々で、まずこの審議会をどう持っていくかというご論議をいただいて、そしてその何回かのご論議を踏まえて専門委員のご委嘱もしていくようにする方がむしろ趣旨に沿うかと、こういうふうに考えておりますので、」との答弁と符合します。具体的課題を設けてスタートした土光臨調とは、大きく異なります。また、中央教育審議会の46答申とも異なります。臨教審による教育改革の特徴といえるでしょう。

　👀　臨教審は、国鉄・電電公社・専売公社の三公社の民営化を提言した第二次臨時行政調査会（土光臨調）の大改革のあとです。臨教審の答申は、小粒と受け取られました。これは、止むを得ないでしょう。また、一部に財政緊縮の教育版のように受け取るひとがいたことは、不運でした。

　臨教審の資料は国立公文書館に保存されていますから、見ることが可能です。臨教審の提言に基づく教育改革には、いくつか成果のあったものもありますが、大きな成果があったとは言い難いでしょう。臨教審は、いわば内閣総理大臣レベルの審議会での教育行政の総点検でした。委員・専門委員には文部省に"親和的"でないひとも、選任されていました。しかし、答申後の対応は、文部省あるいは文部省に親和的なひとによる対応でした。

◇　◇　◇　　**中曽根康弘元首相の見方・ネガティブな評価**

　👀　ここで、臨教審とは何だったのか、その見方・見解を簡単に説明・紹介したいと思います。臨教審の答申、それによる教育改革は、臨教審の発足

時、相当に期待されていました。当時、校内暴力、いじめ、不登校など、教育荒廃、教育の負の現象が指摘されていました。その対処策として妥当であったかどうかは議論が必要ですが、それまでにはなかった"教育の自由化"、徹底した規制緩和など従来の教育政策・教育行政のパラダイムの転換を求める論議がなされました。しかしながら、その答申は、全体としては教育関係者の「教育による論理」による従来型の施策の改善・充実を求める提言に留まった、といえます。当時の教育を総合的に点検していますが、改革というには小粒で内閣総理大臣の諮問機関として設置されたものにふさわしい内容の答申であった、とはいえないかもしれません。

👀　内閣総理大臣の諮問機関として臨教審の設置を主導したのは、中曽根康弘首相です。中曽根さんがめざした教育改革と、その失敗の理由については、中曽根康弘『自省録　歴史法廷の被告として』（新潮社　2004.6）で述べています（195～204頁）。中曽根さんの教育観については、この著や中曽根康弘『命の限り蝉しぐれ』（徳間書店　2003.12）で知ることができます（147～152頁）。

　「臨教審からの改革路線　中曽根元首相に聞く」で、中曽根さんは「臨教審の現場対応策そのものは、かなりいいものがある。順次実行され、展開されている。功績は認めていいと思う。しかし、一番大事な、基本的な問題が欠落していた。精神的なバックボーンがない。教育基本法にただ従っているだけだ。教育基本法や個人の自由が強調され、国家や公に対する観念や、日本固有の文化や伝統を尊重しようという大切なものが入っていない。何もナショナリズムで言うのではない。人間として生きるには、精神的な支柱がいる。今の教育体系を見ると、思想とか、哲学をまじめに自分で考える時間がない」（朝日新聞　2002.7.28）、と。

👀　昭和22年3月に制定された教育基本法（昭和22年法律第25号）が全部改正され、現行法（平成18年法律第120号）になったのは、小泉純一郎・安倍晋三内閣になってからです。終戦直後に制定された教育基本法の改正に中曽根さんが踏み込めなかったのは、臨教審の設置のときには中曽根政権は国鉄や電電公社などの民営化に取り組んでおり、野党との対立を避けるため教育基本法の見直しに触れないことを約束する必要があったからです。中曽根さん

は、"いざとなればそれを踏み越えてでも"の思いだった、とのようですが。

👀 教育・教育改革に関する内閣総理大臣の諮問機関の設置は、32年ぶりでした。終戦後、連合国の占領下で、「米国教育使節団」の報告書が提出されました。内閣総理大臣直属の「教育刷新委員会」が設けられ、戦後の教育改革が進められることになりました。この委員会は、昭和24年に「教育刷新審議会」になります。「教育刷新委員会」の第一回建議は、「教育の理念及び教育基本法に関すること」でした。これに基づいて「教育基本法」が制定されました。「教育刷新審議会」は昭和27年に廃止され、新しく文部大臣の諮問機関として「中央教育審議会」が設けられました。昭和26年10月、吉田茂内閣総理大臣の私的な諮問委員会として「政令改正諮問委員会」が設置され、教育制度もこの委員会で取り上げられたことがありますが、それを除くと教育改革は「中央教育審議会」の審議事項です。その委員の任命は、文部大臣です。ときに「46答申」といわれるのは、昭和46年6月に提出された中教審の答申のことです。その諮問は、昭和42年の「今後における学校教育の総合的な拡充整備のための基本的施策について」です。46答申は「国家社会の未来をかけた第三の教育改革に真剣に取り組むべきときであるとしています」が、失敗だったといえるでしょう。

👀 昭和59年8月に、「臨時教育審議会設置法」が成立し、これからの教育のあり方を求めて内閣に諮問機関が設けられました（編者注：臨時教育審議会設置法案の付託は、文教委員会ではなく内閣委員会でした）。国家行政組織法第8条の機関です。その重要性は、中教審に比べ格段とちがいます。中曽根さんが自ら教育改革を行うことの決意と重みを自民党の文教議員がどのように理解していたかは、不明です。森喜朗著・聞き手田原総一朗『日本政治のウラのウラ　証言・政界50年』（講談社　2013.12）が、ひとつの参考資料になるかもしれません。文部省が教育改革をどのように進めようとしたのかは、分かりません。これは、文部省が主体的・積極的に動くことを抑えられていたことが大きな理由でしょう。なお、「第5　文部省の臨教審対応と臨教審事務局の編成」を参照願います。

👀 臨教審の答申は、基本的には現状・制度を肯定しその緩やかな改善・発展を求めるものであった、といえます。これは、第一に臨教審に対する諮問

自体が広範で漠然としていたこと（編者注：諮問事項は「わが国における社会の変化及び文化の発展に対応する教育の実施を期して各般にわたる施策に関し必要な改革を図るための基本的方策について」でした。諮問に際しての中曽根首相のあいさつ（第一回臨教審総会）は、「今日のわが国の発展と繁栄は、これまでのわが国の優れた教育制度の下に育てられた国民によって成し遂げられてきたものであり、わが国の教育水準が国際的にも評価されていることは疑いのないところである」「近年における校内暴力や青少年の非行等の増加、あるいは学歴を過度に重視する社会的状況、わが国学校制度の画一的性格、国際性強化の必要性など種々の問題が指摘されており、現在の教育の在り方の中には、戦後四十年を経た今日、時代の推移に伴って、適切な改革を要するものが生じてきている」「特にわが国においては、産業構造の変化、情報化社会・高齢化社会などが急激に進むとともに、これらの変化等に関連して、単に学校教育だけでなく、種々の機会を活用した生涯を通じる学習への要請が増大し」「同時に各分野における国際化のすう勢から教育の国際化も重要な課題となり、これら社会の変化や文化の発展に対応する教育の実現が求められている」「わが国が二十一世紀に向けて、創造的で活力ある社会を築いていくために、教育の現状における諸課題を踏まえつつ時代の進展に対応して教育改革を図ることが必要不可欠になっている」、とその観点を述べています。）、第二に臨教審の委員・専門委員数が多数で多くの分野・団体から選任されたこと、第三に審議の進め方が、藤波官房長官の決算委員会での答弁から分かるように、委員による総会中心主義で問題の整理が充分でなかったこと、第四に事務局の組織構成が改革をサポートするには不適切であったこと、などが理由として挙げられでしょう。

　教育改革は、とりわけ社会の状況や人々の意識・要望と関わり、難しい側面を有するかもしれません。教育改革が成功したといえる事例は、少ないように思います。成熟化社会となり、個々人の価値観が多様になり、また、教育要求が多岐にわたるところでは、教育改革に求められるものは複雑になりますから、なおさら難しいでしょう。それに臨教審は平時の改革でしたから、それまで以上に考え方・提言に説得力が必要だったかもしれません。

👀　臨教審の提言を「改革性」という観点から見たとき、その委員・専門委員の構成・選任、事務局の組織編成がマイナス要因として作用したことは、

否定できないでしょう。

　臨教審をどう評価するかについては、香山健一さんや天谷直弘さんなど第一部会に所属した中核メンバーが早くにお亡くなりになり、また、臨教審・教育改革について首相官邸と文部省との間に齟齬があり、教育行政や臨教審の事務局に関わったひとのなかには後にリクルート事件や衆議院議員の選挙運動に関して批判を浴びたり、あるいは「けじめ」を求められたといわれるひとがいて、教育行政やその関係者には何となく臨教審を話題にしたり論評したりすることを避ける雰囲気があったかもしれません。また、教育研究者の関心も、あまり高くなかったかもしれません。

◇　◇　◇　　**臨教審答申と文部省の対応**

👀　高石邦男さんは、およそ二年の間、文部事務次官の職にあり臨教審の事務局長を務めましたが、臨教審にはあまり成果はなかったとの見方です。高石さんは、「失敗したと言うよりも、目玉になるような学校制度とか行財政制度などが出なかったから、そういわれているけれども。例えば生涯学習への移行とか、そういう点では先取りした意見が出されてきたし、文部省もそれなりの対応をしてきました。弾力化と言うのも色々なかたちでとられてきたのは、やはり臨教審の影響であると思います。あながち失敗したというわけではなくして、抜本的な改正問題の目玉がなかったということは言えます。当時、言われていた課題を洗いざらい取り上げたという点はあると思います。……」と答えています。　臨教審は、内閣直属の審議会としては教育刷新審議会以来でした。それと、臨教審の意義―戦後の教育改革やその後の展開、教育改革が課題となる教育の状況や教育行政の点検・評価の総括を含めてですが、内閣総理大臣の諮問の内容、委員の選任、審議の進め方、学校体系の改革に対する理解などにおいて、高石さんとは異なる見解もあったようです。

👀　中曽根康弘さんや岡本道雄さん（元京都大学長）には、立場はどうであれ、やはりある種のフィロソフィ、理念を感じます。高石さんの見方については本音でしょうか、との見方があるようです。つまり、臨教審答申の尊重については閣議決定がなされ、高石さんは臨教審の事務局長、答申を受けた

第1　臨時教育審議会──回顧と土光臨調との対照

文部事務次官という要職にありましたから。上記の見解は文部事務次官を辞めてしばらく経っていますが、「答申はちゃんと実行しています」との文部省サイドのエクスキューズあるいは "ポジション・トーク"（?）、 との見方がなされることになります。 生涯学習については、すでに昭和56年に中教審答申「生涯教育について」がなされ、二番煎じである（編者注：社会教育審議会も昭和46年に生涯教育に関する答申をしています）、天城勲さん（元文部事務次官・文部省顧問）は、生涯教育をはじめ今日の改革議題についてはすでに触れていた、との見解です。また、初等中等教育局長の臨教審の第一部会でのヒアリング（昭和60年1月23日）での説明などからのようです。さらに、弾力化などは首相の諮問機関の答申を待つまでもないこと、文部省関係者の「臨教審の答申を受けて」の前置きは、たとえば「義務教育教科書無償」は大蔵省サイドからの有償化・貸与制など無償措置の縮小への反対の根拠、教科書の使用期間の4年から3年への短縮は教科書業界の説得、小学校第1・2学年の理科・社会を統合した「生活科」の設置はそれに批判的な関係学会に対し便利でしょう。なお、「六年制中等学校」の創設の提言は中教審答申に基づき平成11年に「中等教育学校」が制度化されましたが、それまでは放置され臨教審答申との繋がりは避けています。教員の「初任者研修制」は私立学校教員を対象から外し、都道府県・市町村の教育委員会教育長の文部大臣・都道府県知事の任命承認の削除も遅れています。

👀　臨教審の「生涯学習社会への移行」は政府全体の施策に関する提言ですが、「生涯学習審議会」の設置は文部省の諮問機関へ矮小化されたとの見方があります。文教行政の「政策機能の強化」の提言を受けての当時の国立教育研究所と文部本省との連携の緊密化も、途中から当初の意気込みは感じられません。政策機能の強化の意欲は、いかがでしょうか。「第10　政策官庁としての機能の強化（その1）─教育の本道とは？」を参照してください。

👀　文部省は、臨教審答申を受けてのロードマップ（行程表）を作成していなかったようですね。「教育改革推進本部」の総括は、なされたのでしょうか。そうしたことから、残念ですが、つまみ食い批判を受けることになるわけです。第二次臨調と異なり、臨教審についてはフォローアップの機関は置かれませんでした。平成7年4月に、与謝野馨文部大臣は中教審に「21世紀を

15

展望した我が国の教育の在り方について」を諮問しています。臨教審に対する諮問と似た部分がありますが、これは臨教審の縛りから解放され、新たな状況を踏まえてということでしょうか?

👀　T氏が文部省初等中等教育局長、文部事務次官在任中のころは、江副浩正『リクルート事件・江副浩正の真実』（中央公論新社　2009.10。以下、江副『リクルート事件』と略称）によると、ご自身の衆議院議員選立候補の準備があったようです。また、T氏はリクルート事件文部省ルートに絡んでいたようです。文部省ルートでは、T氏のほかには「未公開株」を譲り受けたひとはいませんでしたが、文部省職員に対するリクルートからの過剰接待があったようです。これらの事情は、そのころの国会の文教委員会議事録や関係の判決などを参照願います。西岡武夫文部大臣の就任、教育行政をとりまくいろいろの状況が臨教審答申への取り組み、対応に影響があったのかどうかは、分かりませんが。

◇ ◇ ◇　**土光臨調と臨教審とのちがい**

👀　中曽根首相は、教育改革の前に行政改革に取り組みました。この行政改革と臨教審の教育改革を比較してみましょう。行政改革は、第二次臨時行政調査会を設置し、国鉄・電電公社・専売公社の民営化を行いました。いまのJR、NTT、JTです。赤字の国鉄の転換や、電電公社の競争（KDDI・ソフトバンクが設立されることになります）が推し進められました。目に見えるかたちで、です。この行政改革は、成功と評価されています。国鉄の長年の赤字解消やサービス向上などからです。この第二次臨調のスタートは、内閣総理大臣は鈴木善幸さん、行政管理庁長官は中曽根康弘さんのときでした。第二次臨調の会長に就いたのが、土光敏夫さんです。経済団体連合会の会長をしていました。「ミスター合理化」といわれ、個人生活では清貧、つましい生活を送った、といわれます。土光さんは、ご母堂が創設し土光さんが引き継いだ橘学苑への経費的な支援をはじめ、学苑には大変情熱を傾けられたそうです。無駄を省き、授業料は押さえるようにしていたそうです。教育の場で金儲けをするのはおかしい、とのことだったようです。土光さんは中教審の委員をしていたことがあります。その会議で昼食が出されたときに、事務局

の担当者に「会議に来ているのだから、弁当は要らない。会議が長引いて食事がどうしても必要なときでも、このような豪華なものでなく質素なものにしてください。」と話したそうです。これは、当時の中教審の事務担当者から聞いたことです。土光さんを取材したNHKのテレビで、たまたま土光さんが「メザシ」を食べる場面、質素な食事が放映されました。メザシ、野菜の田舎煮、汁物、ご飯だった、とのことです。土光さんは、メザシは好きだから食べているだけで騒がれることではない、とのことでした（出町譲『清貧と復興　土光敏夫100の言葉』161頁　文芸春秋　2011.8）。行政改革には、土光さんへの国民的な支持があり、臨調の委員・専門委員も土光会長を中心に行革に懸命に取り組みました。土光さんを支え改革を進めるには、どのような人を、どのように配するか。土光臨調の成功の大きな要因は、その選任方法、選ばれた委員・専門委員、支えた事務方、自民党のサポート、といわれます。とりわけ献身的に努力した橋本龍太郎さんなどがいたからでしょう。中曽根さんも、そのように評価していたようです。

👀　第二次臨調・行政改革の必要性は、緊迫していました。昭和41年に戦後初めて、国債、建設国債ですが、発行されました。佐藤栄作首相、福田赳夫大蔵大臣のときです。昭和39年に開催された東京オリンピック後の不況からの脱却が、大きな理由です。昭和51年、第一次・第二次の石油ショックの不況のもとで、今度は赤字国債（特例公債）が発行されました。三木武夫首相、大平正芳大蔵大臣のときです。昭和55年7月に鈴木善幸内閣が発足し、9月に同首相は昭和60年度までに赤字国債依存体質からの脱却を表明しました。翌56年3月、土光臨調が発足しました。このときの国債残高は100兆円ほどでした。当時は、いわゆる3Kなどの問題がありました。3Kとは、国鉄、コメ、健康保険の赤字です。いまは、国債残高は1,072兆円（平成28年度末）を突破していますから、文字通り桁違いです。土光さんは、臨調の会長に就任するときに条件を出したそうです。増税なき財政再建をはじめとする五つです（資料1　第二次臨時行政調査会（土光臨調）についてを参照してください）。鈴木首相は、これを了承したそうです。この時の行革担当大臣は行政管理庁長官の中曽根康弘さんですから、昭和57年11月に中曽根さんが首相になっても、当然にそれを引き継ぎました。中曽根首相は、それまでの経緯から行革

に精力的に取り組みました。

👀　土光臨調とは、第二次臨時行政調査会のことです。以前に、第一次臨時行政調査会がありました。池田勇人内閣のときで昭和36年11月の設置です。会長は佐藤喜一郎氏（三井銀行会長）で、「佐藤臨調」ともいわれました。昭和39年9月「行政改革に関する意見書」をまとめて解散しました。昭和55年7月、鈴木善幸内閣が発足、その行政管理庁長官には中曽根康弘氏が就任しました。昭和55年11月、中曽根行政管理庁長官のもとで臨時行政調査会設置法が成立しました。総理府の附属機関として二年間の限定設置です。同調査会は、行政機関に対する資料提出要求・調査権限を有しました。翌56年3月、第二次臨調が発足、同年7月歳出削減策を中心とした第一次答申を鈴木首相に提出、昭和58年3月、第五次答申（最終答申）を中曽根康弘首相に提出し解散しました。行革は中曽根さんにとってSpring Board（飛躍台）になった、とみるひともいます。思い入れがあるでしょう。臨教審は、いろんな面でこれを先行事例としているようですから、臨教審に対する見方は、厳しくなっているかもしれません。中曽根さんは、土光臨調が成功し臨教審が失敗した理由を『自省録　歴史法廷の被告として』で触れています（190・191頁）。臨教審の会長だった岡本道雄先生は、臨教審についての悔悟、教育再生について、その著『立派な日本人をどう育てるか』（PHP研究所　2001.3）で述べています。

👀　土光臨調と臨教審を比較すると、臨調は、まず土光さんの会長就任をみても分かるように行政改革の目標・到達点がはっきりしています。臨調の委員・専門員の組織・構成は少人数で、改革の考え方が基本的に一致しています。さらに、内閣総理大臣はじめ内閣と考え方が同じで、自民党においても橋本龍太郎行財政調査会長その他の行政改革推進の勢力・実力者が足並みを揃えていました（編者注：橋本龍太郎さんは、首相になり行政改革会議を設け中央省庁等の改革などに取り組みます）。また、臨調の事務局は、行政管理庁が主力で改革する側でした。改革される側では、ありませんでした。さらに、経済界・国民一般が第二次臨調・行革の応援団だった、といえます。「政治家　橋本龍太郎」編集委員会編『61人が書き残す政治家橋本龍太郎』（文藝春秋　2012.6）については、異なる見方のひとがいるかもしれませんが、積

極的に評価してもよい、と思います。

〈資料1 第二次臨時行政調査会（土光臨調）について〉

1. 中曽根康弘氏の行革への取り組みについては、「まず中曽根さんを行革担当大臣にして、それから経団連名誉会長の土光（敏夫）さんを引っ張り出し、「土光臨調」をつくって行政改革を仕上げようというのが鈴木の構想だった。それは鈴木の退陣後、中曽根内閣での行革につながり、中曽根内閣の一大功績になるわけだから、鈴木の着眼点はきわめて優れていたといえよう。当時の中曽根さんはそこまで読めなかったのではないだろうか。中曽根さんにはまだ行革で男を上げるという考えはなかったようである」（木村貢「意外だった行政管理庁長官」）、「そこでぼくは、「はっきり申し上げると、鈴木内閣のあとは中曽根さん、あんたですよ、という合図なんじゃないですか」と言いました」。だからこそ一番大事なポストを頼んできたのではないか、と。……」（阿部穆「中曽根さんと行革」）（木村貢『総理の品格―官邸秘書官が見た歴代宰相の素顔』176～180頁　徳間書店　2006.9）。

2. 「政治家　橋本龍太郎」編集委員会『61人が書き残す政治家　橋本龍太郎』文芸春秋企画出版部　2015.5　より。
   山本貞雄（元総務事務次官、元土光臨調事務局次長）「（橋本龍太郎自民党行財政調査会長は）臨調行革の党側第一の功労者」「土光さんは会長を引き受けるに当たって、次の五つの条件を出された。①増税なき財政再建を断行する、②食管・国鉄・健保の3k赤字を解消する、③特殊法人を改革する、④地方行革を行う、⑤臨調の答申をそのまま実行する。中曽根長官は、その場でこれを守ることを約束、このことは直ちに鈴木善幸総理に伝えられた。……」（125頁）
   牛尾治朗（ウシオ電機会長、元土光臨調専門委員）「土光臨調の戦友として」「当時（編者注：昭和56年3月ごろ）中曽根さんが行政管理庁長官で政務次官が堀内光雄さん。このお二人に瀬島さんと私、それに時々、自民党行財政調査会長として橋本さんが加わって、臨調をどう進めていくか話し合っていました。この席で二回に一回は橋本さんが「こうしたらどうか」と提案する。中曽根さんは「うーん。それでいいんじゃないか」というような感じでした。常に問題提起する。日本の政治家としては、はっきりものをいう珍しいタイプですね。この秘密のトップ会談で大まかな方針を決めて、それを部会長クラスに下ろすわけです。部会長の会合は、新聞記者に見つからないようにホテルニューオータニの三階の私の事務所で週一回やっていました。梅本純正（武田薬品副会長）、山下勇（三

井造船社長）、亀井正夫（住友電工社長）、加藤寛（慶應大学教授）の四人の部会長、それに瀬島さんと私がいつもの顔ぶれ。この会合は「裏臨調」といわれていました。」（112頁）。「振り返って見て自民党の行財政調査会長であれだけ力強く、あれだけ大きなプロジェクトで活躍した人はいないでしょう。中曽根さんも「政治サイド（の調整）は橋本が全部やった」と評価していました。」（114頁）

橋本龍太郎「土光臨調では官僚が本気で仕事をした」「土光臨調の事務局には行政管理庁や各省庁から優秀な官僚をおくってもらい、経済界からも一流の人物を派遣してもらった。事務局を構成した官僚の諸君にとって見れば、臨調を推進することは、なんらかの形で組織の縮小や権益の縮減、それに人員削減など、自分たちの省庁の"不利益"につながるものである。当初、彼らが不安になって当然だったと思う。スタート時は中曽根康弘行政管理庁長官だったが、その中曽根さんが持ち前のリーダーシップを発揮して行政側を引っ張り、党側の責任者であった私も行政改革にかける与党・自民党の強い意思を彼らに語り続けた。そして何よりも土光さん自身が、臨調に臨む自らの考え方と確固たる信念を、ことあるごとに事務局の内と外に向けて表明し続けたものだ。土光さん、中曽根さん、そして私を含め、臨調事務局の心が一つになるまで三カ月とはかからなかった。この事務局が土光さんの考え方、方針をよく理解し、彼を支えようとする人たちの集団になっていった。本当に何かやろうという意気に燃えた集団である。（中略）安心感を持った後の官僚の諸君は本気で仕事をしたものだ。政治が大きな青写真を示し、その実現を目指して事務局全体が動き出す。このとき政治家と官僚は、行政改革に向けて敷かれた二本のレールを走る機関車の両輪だった。その時は自分の出身省と猛烈に争ってでも行革を進めようとした諸君はたくさんいた。なんとも頼もしいかぎりだった。」（116頁）

3. 第二次臨時行政調査会の設置と委員構成（肩書は、昭和57年1月当時）

会長1、委員8人

会長　土光敏夫（経団連名誉会長）

委員　円城寺次郎（日本経済新聞社顧問）、金杉秀信（同盟副会長）、瀬島龍三（伊藤忠商事相談役）、谷村裕（東京証券取引所理事長）、辻清明（国際基督教大学教授）、林敬三（日本赤十字社社長）、丸山康雄（総評副議長）、宮崎輝（旭化成工業社長）

第1　臨時教育審議会—回顧と土光臨調との対照

◇　◇　◇　教育改革の足並みは？

他方、臨教審は、第一に教育改革の課題・必要性、改革の目標・方法の足並みがちぐはぐでした。それを揃えるのにエネルギーが必要でした。これは、当初の運営方針と関わりがあります。藤波官房長官の国会答弁で分かります。第二に教育改革ということがら、臨教審の運営方針と関係しますが、委員・専門委員の組織・構成に問題がありました。第三に中曽根首相と自民党の文教族との間に足並みの不揃いがありました。森喜朗さんは、前掲『日本政治のウラのウラ　証言・政界50年』で臨教審発足の際の教育改革の目標、進め方などについて中曽根康弘首相と自民党の文教族の足並みが揃っていなかったことを明らかにしています。第四に文部省は、当初、教育改革は中央教育審議会でということで、臨教審による教育改革には消極的だったようです。小泉純一郎政権下ならば、「抵抗勢力」といわれたかもしれません。臨教審の事務局は、それまでの教育行政を担ってきた文部省の職員が主力でした（形式上は、総理府事務官併任でした）。改革を検討しまとめ推進する側である臨教審の事務局と、改革される側が同一ということでした。しかも、改革される文部省が、改革する側の臨教審事務局の主要な人事権を握っていました。第五に校内暴力・いじめ・不登校などの教育荒廃を除くと、教育改革の応援団はほとんどいなかった、といってよいでしょう。第六に臨教審設置時の文部省初等中等教育局長で、宮地貫一さんの後に文部事務次官になるT氏には国会議員立候補の準備がありました。また、臨教審が存置のときには発覚していなかったのですが、後に「リクルート事件文部省ルート」といわれるリクルートコスモスの未公開株の譲渡は、その文部事務次官在任中だったようです。こうした状況で、臨教審あるいは教育改革に全力投球ができたのか、との疑問が出されることになります。臨教審三年間の設置期間中に、文部事務次官は三人替わっています。佐野文一郎さんは臨教審のスタート前から在任していましたから、その退任は臨教審の審議を支え第一次答申を終えた、ということでしょう。事務次官の任期は通常二年が多いですが、宮地貫一さんは一年で交代しています。その後任のT氏は、初等中等教育局長・事務次官（二年）として丸々三年、臨教審と向き合っています。文部大臣は、森喜朗（昭和58.12.27～59.11.1）、松永光（昭和59.11.1～60.12.28）、海部俊

21

樹（昭和60.12.28〜61.7.22）、藤尾正行（昭和61.7.22〜61.9.9「韓国併合発言」で罷免）、塩川正十郎（昭和61.9.9〜62.11.6）の各氏と五人替わっています。これで、どこまで教育改革に取り組むことができたのか、との見方がなされることになります。

◇ ◇ ◇　坂田学校、何処へ？　森文部大臣の役割は？

👀　森文部大臣・自民党文教族は、中曽根さんの意図、具体的構想との摺り合せをどのように行ったのか？　官房長官は、自民党の元文教部会長の藤波孝生さんでした。森さんは、藤波さんの後任の文教部会長でした（編者注：自民党政務調査会文教部会長は、藤波孝生氏（昭和50年1月〜53年12月）、次いで森喜朗氏（昭和53年12月〜56年12月）でした）。森さんが坂田学校の生徒は中曽根教育改革に反対したというのは、時間的なずれがあるように思われます（「第2　臨教審をめぐる中曽根首相と自民党文教族・文部省」の〈資料5　森喜朗氏の中曽根教育改革の見方〉および「ポスト坂田学校、中曽根首相の「七つの構想」を参照）。何らかの勘違いからかもしれません。いずれにせよ、文教族・文部省は、臨教審・教育改革についてせっかくの好機を逸したといわれる所以かもしれません。教育の荒廃や負の現象、第二次ベビーブームによる学校教育人口の急増・急減の問題や情報化・国際化への対応が求められる状況があり、他方、英国では英国病、米国では『A Nation at Risk』（危機に立つ国家）といわれるなかで教育改革が進められるとき、文部省は政策課題を明確にし、文部省より高い次元、つまり内閣として解決する好機として捕まえるべきであった、との見方からでしょう。自民党の文教族については、その中核メンバー、それまで文教政策・施策をずっと担当してきた坂田学校の主な生徒さんは新自由クラブに去り、その課題意識・現状分析、改革のねらい・政策目標、具体的課題が明確でなかったようです。第二次臨調の土光会長の五大課題の設定と、鈴木首相以下の同意の取り付けとは、大きな相違があるようです。いわゆる“自由化論”の攻勢の前に、守勢一方であった、教育分野には行財政改革における橋本龍太郎さんのようなひとがいなかった、ということでしょうか。

👀　竹下登さんは、橋本龍太郎さんは「社会部会」の領域について何でも

知っている、といっていましたが（竹下登著・監修　政策研究院大学政策情報プロジェクトCOEオーラル・政策研究プロジェクト『政治とは何か―竹下登回顧録』65頁　講談社　2001.1）、それだけでなく、政策志向・課題解決タイプの政治家だったようです。

👀　森喜朗さんは、文教族で第二次中曽根内閣で文部大臣に任命されました。森文部大臣のときに大臣秘書官事務取扱をした辻村哲夫さんは「（森さんについて）推測ですが、文部大臣になることは念願だったと思います。中曽根康弘総理が教育を目玉に据えて取り組む、その担当大臣に抜擢されたという気持ち、光栄に思うところがあったのはないでしょうか。」と述べています。ご質問の方は、「この“聞き書き”氏はどうしてこのような質問をしたのでしょうか、奇妙な感じを受けました、旧文教族のかなりが新自由クラブに行き、藤波さんが官房長官ということになると、文相は森さんになるのでしょうか」、とのご指摘のようですが。森さんの文部大臣在任期間は一年未満、臨教審のスタートからは三月足らずで、専門委員の発令前に、内閣改造で松永光さんと交代しています。森さんは橋本龍太郎さんとは異なるタイプかもしれませんが、中曽根首相は自民党文教部会長の経験者ということで期待するところが大だった、と思います。〈資料10　臨教審委員・専門委員の選考と中曽根メモ〉のようなことは、もちろん、分かりませんが。

👀　橋本龍太郎さんは、「すぐ怒る、拗ねる、……」などといわれましたが、橋本先生は、ヒラの係員の説明でも、よく聞いていたそうです。「その場凌ぎやごまかしは、通用しない。」ということを聞いたことがあります。「社会部会」（厚生族）とのバランスで、私立学校振興助成法案、義務教育諸学校等の女子教育職員及び医療施設、社会福祉施設等の看護婦、保母等の育児休業に関する法律案の作成に関わったある「ヒラ」さんの感想です。両法案とも、自民党の政務調査会で副会長だった橋龍さんから「ノー」が出ました。藤波孝生文教部会長からの指示で修正案をつくり、橋龍さんに説明に行ったそうです。橋龍さんは政策好き、理論・法律好きですから、よく質問が出たそうです。　橋龍さん「（後者の法案について）どうして、これは国家公務員法の一部改正でしないの？」　ヒラさん「（エッ、意外な質問だなぁ）対象になっている教員、看護婦・保母さんなどのほか、将来的には国家公務員全般

を対象にするのであればその方が適切だと思いますが、現時点ではそこまで政策を進めるつもりがないのであれば、このような単独立法がよいと思います。国家公務員法の改正ですと、人事院に対する説明も必要で調整に時間がかかります。小学校・中学校・高等学校の教員数は、公立学校の教員（地方公務員）が70％を超えています。この方々の育児休業制度を真正面から取り上げるというのが、原案の考えです。教員の場合には、国家公務員（国立学校の教員です）、地方公務員を含めて「教育公務員」という概念で、整理しています。今回も、国家公務員と地方公務員の双方の教員について制度化を図るべきだ、と思います。超過勤務手当に代わる「教職調整額」の法制化と同じ考え方・方法です。現行法との整合性から、原案が妥当であると考えます。」　橋龍さん「そうか、そういうことか。ならば、これでいこう」（編者注：「第9 政策官庁としての機能の強化（その1）―教育の本道とは？」で触れることになりますが、"当時"の「教育公務員特例法」の重要性を示す事例です）。橋龍さんは説明に納得すると、会期末の忙しいときでも法案成立に力を注いでくれました。それに、橋龍さんには、思いやりがありました。ある課長のご母堂がお亡くなりになったときに、橋龍さんはどこからお聞きになったのか、お通夜に来て丁重なお悔やみを述べられました。ご自身の境遇からくる優しさだったかもしれません。橋本龍太郎先生は橋本大二郎さんとは異母兄弟ですが、継母の方が晩年入院しておられたときには、毎日お見舞いに行かれたとのことでした。隠れた橋本ファンは、行政改革の第二次臨調のときにもいたのでは？

👀　高杉良『最強の経営者　小説・樋口廣太郎　アサヒビールを再生させた男』（126頁・287～290頁　プレジデント社　2016.5）は、橋本龍太郎さんを好意的に書いています。森喜朗さんについてはそうでありません。高杉良さんの見方かそれとも樋口廣太郎さんの見方か、分かりませんが。森喜朗先生については、ご身体のご快癒と、ラグビーワールドカップ2019、「TOKYO 2020」の成功を祈念します。

第1　臨時教育審議会—回顧と土光臨調との対照

〈資料2　著者竹下登・監修　政策研究院大学政策情報プロジェクトCOEオーラル・政策研究プロジェクト『政治とは何か—竹下登回顧録』（講談社2001.1）から

「（竹下）政府提案は手間がかかるんですよ。（内閣）法制局で、……。衆議院法制局、参議院法制局というのは、ほんとうに男を女にする以外はなんでもすぐに（法律を）つくるから（笑）（編者注：法律をもってしてもできないものの例として、当時はしばしばこれが挙げられました。政府提出法案でも違憲とされた法律（刑法の尊属殺の規定、公職選挙法一票の格差（区割り）がありますが、これらは時代・状況の変化に拠るものでしょう）、議員立法で違憲とされたものには森林法・薬事法の規定がありました。政府内の調整を省く、時間の短縮を図るということで、議員立法が用いられることがありました。文教の分野でもありました。なお、内閣法制局と議院法制局とのちがいについては、牧原出編『法の番人として生きる　大森政輔　元内閣法制局長官回顧録』（岩波書店　2018.2）264・290頁を参照）……金融関係なんかでも、おそらく議員立法が出ると思いますよ。政府提案では、法制審議会にかけて、法律の専門家が議論しだしたら十年かかるという問題がきっと出てくるはずだから。……議員立法とはそういう意味があるのですね。ある意味では通り安いというか、手続きを簡略化というところがあるんですね。　……議員立法は、便宜主義的に使ったこともある。」（174頁）

「社会保障、厚生といえば、小沢辰男みたいなもんだね。あとは、橋本龍太郎だけど。」（322頁）。

「……大原亨、多賀谷真稔、村山富市、この三人が社労三人衆だ。こちら側が齋藤邦吉、田中正巳、小沢辰男だ。事務総長が橋本龍太郎。……橋本君だけに作業させるんだ。だから、あれは偉くなったんだね。村山さんだって、総理のときに社労関係の質問だけは答弁書を持たないで答弁していたからね。」（65頁）。

〈資料3　「政治家　橋本龍太郎」編集委員会『61人が書き残す　政治家　橋本龍太郎』（文藝春秋　2012.5）から〉

中曽根康弘（元内閣総理大臣）「今、橋本君いたりなば」「自他共に認める自民党随一の政策通という彼のあり方は、政治に生きる上での彼の矜持と本質であったと思う。……敢えてその数に頼らず、政策力を磨きあげることで自らの存在感を高め、遂には総理大臣まで上がり詰めたことは橋本君ならではの真骨頂といえよう。彼には父君から続く厚生福祉への並々ならぬ情熱と取り組みがあり、その分野での研鑽と努力の過程が政策全般にわたる彼の能力を鍛え上げてきた。」（13

25

頁）

齋藤十朗（元参議院議長）「大きな存在感のある政治家だった」「厚生行政で教えを受ける」（31頁）（編者注：橋本氏は厚生政務次官・自民党政務調査会社会部会長（厚生行政に該当）を歴任）「有能な"族議員"でもあった。厚生族には御三家、御五家などと呼ばれたボスがいた。齋藤邦吉、田中正巳、小沢辰男、竹内黎一、戸井田三郎の各先生方であった。族議員はその政治生活をかけ、一貫してその分野に専門的に取り組んでいくものだ。役人は一、二年で異動するが、族議員はこれまでの歴史や背景を熟知していて、政策の間違いや暴走を正すことが出来る。また、要望を陳情団体にも、その要望にエゴがあれば、これを正して導くことにする。龍太郎さんは、これらを鋭く、厳格に実行された方だった。厚生族、通産族ともいわれ、究極、ゼネラリストとして大きな存在感のある政治家だった。」（34・35頁）

山東昭子（前参議院副議長（編者注『61人が書き残す　政治家　橋本龍太郎』の発行時）「まさに本物の政治家だった」「仕事好きで負けず嫌い。ひとつ新しい仕事が入ると徹底的に集中して役人以上に詳しくなる。そのため、勉強しない政治家は評価せず、……。党の部会で自分の言いたいことだけを演説してさっと席を立つような政治家を、龍太郎先生は最も嫌ったものだ。地道に仕事をする政策マンを好んで、スタッフとして協力させる能力は、リーダーとしても本当に素晴らしかった。しかしその性格は時に仇となった。最もそれがはっきりしたのは安倍晋太郎幹事長のもとで橋本龍太郎幹事長代理の時。全国各地から国会議員が地元の地方議員を連れて陳情に来たり、様々な団体の人たちがやってくるのだが、安倍先生はそれらのことはすべて龍太郎先生まかせだった。すると先生は、陳情団の話しをきちんと聞いた上で、できない案件には、「それはとても無理だよ。何故かというと……」と理路整然と理由を述べて、いきなり断ってしまうのだ。陳情に来た人の期待を最初から打ち砕いてしまうので「あれはひどい……」と評判は良くなかったようだ。あまりにもすべての政策に詳しく調子のよい対応は絶対にしないタイプだったので、ある意味ではとても損をしたのではと思う。そんな龍太郎先生は、一緒に仕事をする役人には仲間意識を持つ人たちがとても多かったのだが、政治家同士では……。素顔の先生はとてもユーモアがあって、官僚や私たちに毒舌を吐きながらも温かく接し、気に入れば本当に親切にしてくれる良き先輩だったのにと、我々後輩たちの間で折に付け思い出話に花が咲くのだ。」（43・44頁）

佐藤幸治（京都大学名誉教授、元行政改革会議委員）「政治家の志とそれを支える
　もの」「橋本氏が、政治家としてはめずらしく若い頃から行政の仕組みや機能の
　あり方に強い関心をもち、各省の人事を含む組織の実態に関する深い知見の持ち
　主であることは、かねて耳にしていた。」（149頁）

第2　臨教審をめぐる中曽根首相と自民党文教族・文部省

◇　◇　◇　　森喜朗元文部大臣の臨教審設置のウラ話し

👀　臨教審設置時の文部大臣だった森喜朗さんの話しをもう少し続けましょう。薬師寺克行さんは、「解題　連立政権時代に向き合った政治家」のなかで、森さんを秀でた現代政治の「語り部」として紹介しています。「その世界の出来事を微細な部分まで再現できる人がいるが、日本の政界でそれができる代表的な人物の一人が森喜朗氏だろう。水面下の話まで極めて克明かつ正確に、ときにはまるでドラマでも見ているように語ってくれる」（五百旗頭真・伊藤元重・薬師寺克行編著『森喜朗　自民党と政権交代　90年代の証言』（291頁　朝日新聞社　2007.10）、と。

👀　森さんは、第二次中曽根内閣で文部大臣に就任します。当時の状況からすれば、教育改革のために就任した、といえるでしょう。森喜朗著・聞き手田原総一朗『日本政治のウラのウラ　証言・政界50年』（講談社　2013.12）は、中曽根康弘さんの教育改革について中曽根首相と坂田道太さんを中心とする自民党文教族との相違を稲葉修元文相（稲葉氏の文相在任は昭和46年7月7日～12月21日）の動きを含め、教育基本法の改正への否定的考え方、臨教審会長の選任（会長が瀬島龍三氏・中山素平氏でなく、岡本道雄氏になったこと）、委員の選任に関する中曽根首相メモ（牛尾治朗＝ウシオ電機、浅利慶太＝劇団四季、小林陽太郎＝富士ゼロックス、飯島清＝政治評論家、江副浩正＝リクルートなどの氏名があった）に触れています。なお、森元文部大臣の森喜朗『私の履歴書　森喜朗回顧録』（日本経済新聞出版社　2013.5）を参照してください。

〈資料4　森喜朗著・聞き手田原総一朗『日本政治のウラのウラ　証言・政界50年』（講談社　2013.12）から〉

　七　法案通過の舞台裏　　　（森氏）「臨教審がスタートするのに数カ月も費やして苦労しました。しかも八条機関だから、委員会で審議があり、もうこりごりする

ほど叩かれました。」「そこへ持ってきて、社会党が代案を出してきた。久保亘さんが代表者になって法案を提出してきたので、ふたつの法案を審議するんです。……ただ、ありがたいなと思ったことがあるんです。……社会党の国会対策委員長だった山口鶴男さん、山鶴さんが僕に電話かけてきて言うんですよ、「森さん、臨教審の法案は最後に通すよ。ちゃんと前の日に……。」（編者注：国会の会期の最終日の前日のこと。このときは最終日が8月7日で、この日は夏の高校野球の開会式（甲子園球場）の日で森文相には始球式の予定がありました）。

八　自民党タカ派とハト派　　（田原氏）「結局、中曽根内閣では教育基本法の改正はできなかった。」　　（森氏）「臨教審での審議段階から、教育基本法には触らないということになっていました」

👀　森さんは、また、森喜朗著・聞き手田原総一朗『日本政治のウラのウラ証言・政界50年』（講談社　2013.12）第四章　文教族　三　中曽根内閣の教育改革では、次の資料5のように述べています。

〈資料5　森喜朗氏の中曽根教育改革の見方〉

（田原氏）「森さんは中曽根内閣だった1983年に、初めて文部大臣になりますね。中曽根内閣について、森さんはどう評価されていますか？」　　（森氏）「中曽根さんが興味を持っていたのは憲法改正でした。それに伴い、教育基本法も作り変えなきゃいけない。日本丸の軌道を修正して元の日本に戻さなきゃならんというのが、あの人の哲学ですよ。それに対して、ぼくら文教族、坂田さんや灘尾さんや長谷川峻（たかし）さんとかは、もっと現実路線の教育改革を唱えていた。」……　　（田原氏）「中曽根総理は臨教審、臨時教育審議会を立ち上げて、教育改革を掲げましたが、あれは何をどうしようとしたのですか。」　　（森氏）「教育基本法の改正ですよ。……」　　（田原氏）「教育基本法をどう変えようとしたのですか。」　　（森氏）「うーん、中曽根さんはその具体的な内容まで指示したわけじゃないんです。……僕ら文教族は、坂田道太さんが中心で坂田学校と呼ばれていました。西岡さんや藤波さんも入っていましたが、僕らがめざしていた教育改革は中曽根さんの言うようなものではなかった。だから、中曽根さんに教育改革をやらせちゃいかんという意見が出てきたんです。」「坂田さんたちは苦労して、戦後の日本の教育を導いてきた。……改善してきているのだから、そんな一挙に昔の教育に戻しちゃダメなんだということです。……明治憲法下の教育を理想と

する中曽根的な考え方ではダメだと。……戦前の教育についても反省するところがある。これまでの戦後の教育の流れを認め、是は是として非は非として直視する必要があるということですよ。その反省のうえに立って、新たにやるべきことがあるはずだというのが坂田学校ですよ。」

👀　森元文部大臣は、教育基本法の改正をも含めて"中曽根派の顧問格で城代家老みたいな人"の稲葉修元文部大臣と森文部大臣（当時）のやりとりのエピソード（略）を紹介し対談を続けています。

（森氏）「結局、新しい教育のあり方について幅広く意見を聞く場としての臨教審ができたんです。……（国家行政組織法）八条機関にすることを提案しました（編者注：森さんは八条機関を法律に基づいて国会の承認を必要とする機関と解しています。が、国家行政組織法第8条は審議会は法律または政令によって設置できると規定していますから、政令設置の方途もあります。臨調・行政改革推進会議は法律による設置でした、臨教審はこの系譜にありました。教育改革という性質上、森さんのお説の通り、法律に基づく設置は妥当でしょう。橋本龍太郎首相のもとでの中央省庁改革の「行政改革会議」は、政令設置でした。中央官庁再編成の迅速性・行政改革会議の運営の円滑性を重視したようです。また、法律による設置の場合には答申の最大尊重義務が課されるようですが、政令の場合には内閣の判断になります。上記の行政改革会議は総理府に置かれました。総理府の長の内閣総理大臣の諮問機関で、答申する側の行政改革会議の長にも内閣総理大臣（橋本首相）がなりました。首相が主宰し委員との直接対話型で検討し、その結果を内閣総理大臣に報告するものです。後年の小泉純一郎内閣の「経済財政諮問会議」も設置根拠は異なりますが、このようなスタイルでした。「第9　政策官庁としての機能の強化（その1）―教育の本道とは？」の「行政改革会議・経済財政諮問会議―政策決定の新方式」を参照）。「臨教審については通常国会の最後まで議論がもつれ込み、閉会の日にやっと成立したんです。」　（田原氏）「国会では何がそんなに揉めたんですか？」　（森氏）「今まで自分たちがやってきた教育が中曽根に変えられたらたまったものじゃないと思っていたでしょうね。ただ、自民党の方も別の意味で、そんなラディカルな改革をやりたくないというのがありました。……教育は難しいから過激な改革はやらん方がいい。中曽根流でやられたら堪まらんという意見もある。稲葉さんの動きが象徴的ですね。……（中曽根さんは）しかも、それまで教育に全く関わってきていない。」（162～167

頁）

◇ ◇ ◇　ポスト坂田学校、中曽根首相の「七つの構想」

👀　昭和40年代以後のことですが、自民党の文教族の校長先生は坂田道太さんでした。田中角栄元首相の秘書・お庭番の朝賀昭氏も、「坂田学校」といっています（中澤雄大『角栄のお庭番　朝賀昭』（講談社　2013.12））。坂田学校の生徒さんには、西岡武夫・藤波孝生・河野洋平・森喜朗の各氏のほか、三塚博さん、渡部恒三さん、海部俊樹さんなどがおりました（有田一寿さんは、坂田学校とは直接の関係はなかったようです）。最近の専門議員・族議員の行動様式は、かなり変わってきていると思いますが、坂田学校の生徒さんが活躍した時代は、大きな影響力を持っていました。議員立法が盛んでした（「第9臨教審における教育財政の論議は？」を参照してください）。この当時の文教族は、ときに自民党の国会対策委員会（委員長は三原朝雄さんでした）の意向を無視し、「関東軍」の異名もありました（衆議院文教委員長の稲葉修さんは「オレは、国対は「有害無益」と云ったんだよ、「無用の長物」とはいっていないよ」、との噂話しもありました）。

👀　昭和40年代後半・50年代はじめの自民党文教族は、代替わりのときでした。坂田道太さんは、文部大臣のあと、防衛庁長官（その就任は昭和49年です。）、衆議院議長を経て、平成2年1月の衆議院の解散の際に議員を引退します。73歳でした。坂田さんが文部大臣に就任したころ（編者注：昭和43年11月）、文教畑は「ベテランなら灘尾弘吉、荒木万寿夫、若手では坂田」が定評になっていた。」（坂田道太「薄氷の哲学」岩見隆夫『政治家』1990年1月23日44頁　毎日新聞社　2010.5）。昭和40年代は、全国的に、国際的に大学紛争が多発したときです。坂田さんの文相退陣後、自民党文教族は急速に若返りました。しかし、ロッキード事件の発覚のあと、河野洋平さん、西岡武夫さん、有田一寿さんは自民党を離党し「新自由クラブ」を結成します。昭和51年6月のことです。藤波孝生さん、森喜朗さんは、自民党に留まります。臨教審の設置のときは、西岡さんは落選中浪人の身で、「教育改革というこんな大事なときに、落選中とは……」とぼやいたそうです。有田さんは、議員は一期限りで政界から退きます（臨教審のときには委員に選任され、初等中等

教育を担当する第三部会長に就任します）。臨教審設置のときの昭和59年ごろは、坂田学校の生徒さんの多くは自民党文教族から離れています。藤波さんは、官房長官です。そういう状況ですから、中曽根首相の教育改革、臨教審設置のときの自民党文教族の状況は、前掲書の森元文部大臣の認識とは大きく異なっていたかもしれません。森先生の見方は、昭和40年代後半から昭和51年半ばまでのように思います（編者注：昭和58年12月、第二次中曽根内閣は新自由クラブと連立します。新自由クラブの解党は、昭和61年8月です）。

👀 　森さんの文部大臣就任は昭和58年12月28日ですが、同月10日に中曽根首相は鹿児島遊説で教育改革について「七つの構想」を明らかにしています。森さんは、遅かれ早かれそれを知ったでしょう。七つの構想とは、① 6・3・3・4制の学校制度の改革に着手、② 高校入試制度の改善・偏差値依存の進路指導の是正、③ 共通一次試験を含む大学入試制度の改善・高等教育の改革の推進、④ 児童生徒の人間形成に資するための社会奉仕活動・集団宿泊訓練などを正規の学校教育活動とし充実、⑤ 情操教育・道徳教育の充実、心身ともに豊かでたくましい青少年の育成、⑥ 国際社会に貢献し得る日本人の育成を目指し国際理解教育の充実・語学教育の改善・大学の国際化の推進、⑦ 教員の養成・採用・研修を通じた教員の資質向上、優れた社会人の教育界への受け入れ促進、です。

👀 　昭和59年2月6日、第101国会で中曽根内閣総理大臣は施政方針演説を行っています。そのなかで、21世紀への礎づくりとして三つの改革の推進を挙げています。行政改革、財政改革、そして第三の改革が教育改革です。教育改革の必要性の背景・現状、教育改革の視点、教育理念、幼児教育、学校教育制度、教育内容、教員の資質、入試制度、海外子女教育、家庭や社会教育等広範な分野の論議と改革をめざすとし、改革の場の設定を述べています。森大臣は、同じ国会の文部大臣所信（文教委員会）で教育改革については私も首相に同感、積極的に努力と言っています。ここでは、足並みが揃っています。また、文教行政の次のような諸課題（略）については、当面、以下（略）のとおり着実に施策を進めてまいる所存、と述べています。「臨時教育審議会設置法案」の提案理由説明は、文部大臣が行っていますが、抽象的です。森さんの教育政策についての著作は、見当たりません。森喜朗さん

と田原総一朗さんの前掲書の対談が行われたのは平成25年ごろで、当時から相当年数を経ていますから、少し記憶違いがあったのかもしれません。次に、臨教審に関する〈資料6 臨時教育審議会関連 略年表〉を掲げます。文部大臣の氏名とその在任期間は、前章を参照願います。そのころの教育改革の動きも併せて記載します。

〈資料6 臨時教育審議会関連 略年表〉

昭和58年

　6月14日　中曽根康弘首相の私的懇談会 「文化と教育に関する懇談会」発足

11月15日　文部省中央教育審議会教育内容等小委員会審議経過報告

11月25日　文部省教育職員養成審議会「教員の養成及び免許制度について」答申

12月10日　中曽根首相、鹿児島遊説で「七つの構想」発表

昭和59年

　1月13日　家永三郎氏 教科書裁判第三次裁判提訴

　2月1日　"教育臨調"設置決定（「教育改革の進め方について」①総理大臣の諮問に応じ、教育制度の改革について調査審議するための臨時の機関を、中央教育審議会とは別に新たに設ける。②この機関の設置形態、組織・構成その他については、今後文部省及び関係省庁において協議する。③この機関に係る検討課題、審議の進め方については、なお検討を進める。）

　3月13日　世界を考える京都座会（座長 松下幸之助PHP研究所長）「学校教育活性化のための七つの提言」公表

　3月22日　「文化と教育に関する懇談会」最終報告 提出

　3月27日　臨時教育審議会設置法案 国会提出

　6月22日　大学設置審議会 「高等教育の計画的整備について報告」（大学設置計画分科会 第二次ベビーブーム世代が入学する1986年以降の7年間の高等教育の計画的整備について報告）

　8月8日　臨時教育審議会設置法 公布

　9月5日　臨教審 初会合（首相官邸）

11月1日　松永光氏 文部大臣就任（森喜朗氏の後任）

11月14日　臨教審「審議経過の概要（その1）」発表

昭和60年

　１月23日　臨教審　第一部会、文部省初等中等教育局長からヒアリング

　４月24日　臨教審「審議経過の概要（その2）」発表

　６月26日　臨教審「教育改革に関する第一次答申」提出

　９月10日　文部大臣　教育課程審議会に幼小中高の教育課程の基準の改善を諮問

昭和61年

　１月22日　臨教審「審議経過の概要（その3）」発表

　４月23日　臨教審「教育改革に関する第二次答申」提出

　５月23日　文部大臣　教育職員養成審議会に初任者研修、特別免許状について諮問

　７月29日　文部省協力者会議　小学校「生活科」まとめ

　10月20日　文部省教育課程審議会　中間まとめ

昭和62年

　１月23日　臨教審「審議経過の概要（その4）」発表

　４月１日　臨教審「教育改革に関する第三次答申」提出

　８月７日　臨教審「教育改革に関する第四次答申」提出

　８月20日　臨教審　解散

　９月10日　文部省「大学審議会」の設置（学校教育法・私立学校法の一部改正）

　11月27日　文部省教育課程審議会　審議のまとめ

　12月24日　文部省教育課程審議会　教育課程の基準の改善の答申

◇　◇　◇　教育基本法の改正は？

🔍「中曽根首相の教育改革といえば、当然、教育基本法の改正が問題になると思う人が多いでしょう。これはどういう決着をみたのか」、とのご質問ですが、文部省で「臨時教育審議会設置法案」を担当した大臣官房総務課審議班主査の御手洗康さん（後年、教科書課長、初等中等教育局長などを経て文部事務次官に就任）についての後年の"聞き書き"によりますと、「「教育基本法の精神にのっとり、その実現を期して」の文言は、法案審議の最終段階で（内閣）法制局の方から入った。公明党側の意向？　多分そうだろうと思います。政治的決断ということ。」、との認識です。このときは、中曽根首相にとっては行革関連法案の成立が最大の課題でしたから。瀬島龍三さんは、

その著『幾山河―瀬島龍三回想録』（産経新聞ニュースサービス　1995.5）で教育基本法の改正問題についての見解を記しています（408頁）。

👀　平成12年4月初めに小渕恵三首相が倒れ、自民党幹事長だった森喜朗さんが五人の協議で総裁・総理候補に選ばれます。五人とは、森喜朗さん（幹事長）、野中広務さん（幹事長代理）、村上正邦さん（参議院議員会長）、亀井静香さん（政調会長）、青木幹雄さん（官房長官）です（御厨貴・牧原出編『聞き書　野中広務回顧録』309頁　岩波書店　2012.6。肩書は当時です。）。平成12年4月5日に森内閣が発足します。文部大臣は中曽根弘文さんの留任です。同7月4日に第二次森内閣となります。文部大臣は大島理森さんになります。小渕首相は「教育改革国民会議」を発足させました。森首相は、これを引き継ぎました。引き継いだ後、同会議の第2回会合で教育基本法の見直しも議論の必要がある、としています。平成12年12月22日に教育改革国民会議は、最終報告を提出します。その後、小泉純一郎内閣の遠山敦子文部大臣のもと中教審において審議され、平成18年4月28日閣議決定、18年12月22日に現在の教育基本法が成立します。成立は、第一次安倍晋三内閣のときです。

◇　◇　◇　**中曽根首相の意向と臨教審**

👀　「中曽根康弘首相は臨教審の審議には教育基本法以外でも抑制的であった、といわれます。そうであるならば、臨教審を設置した意味がないでしょう。中曽根首相のお考えはどうだったのか？　その意向は臨教審の審議に反映されたのかどうか」、との質問がしばしばなされるようですが、中曽根首相のお考えは「七つの構想」、第101国会における施政方針演説、臨教審第１回総会でのあいさつで知ることができます。それ以上に具体的な意向は示されなかったようです。石川忠雄先生（臨教審会長代理）の日本経済新聞「私の履歴書」によると、中曽根首相の考えは示されなかった、とのことです。推測になりますが、臨教審会長など臨教審の首脳部、事務局長・事務局次長は、審議経過のまとめや第一次答申から第四次答申までの各次の答申の提出の際にはその内容を説明しているでしょう。それ以外でも、適宜、諮問者には説明している、と思います。説明すれば、当然、首相から何らかの反応・意向が示されたでしょう。藤波孝生官房長官などを通じて示されたかどうか

は、分かりません。江副『リクルート事件』には、昭和60年3月2日に首相公邸を訪問した際の中曽根首相と江副浩正さんとの教育改革に関する意見の描写があります（196～202頁）。江副さんは、大略、その前に臨教審で話したことを説明した、と記しています。江副さんが臨教審で説明したことは、次のことのようです。昭和60年1月21日に第四部会でヒアリングの講師として招かれ、「学歴と雇用」のテーマで、日本生産性本部の『学歴別生涯賃金表』をもとに大学卒と高校卒の生涯賃金の差は日本では諸外国に比べて格段に小さい、"学歴社会の是正"よりも"大学改革"が今日の産業界・社会の要請だと思う、と。翌2月27日に第二部会でも同様の説明をしています。大卒者・高卒者の生涯賃金の格差については、専門委員の高梨昌教授（信州大学）もその説でした。高梨さんは、その後、労働省の労働研究所長に就任しています。

👀 臨教審事務局長の佐野文一郎さんは、昭和60年12月16日、中曽根首相に45分間にわたって臨教審の審議状況を説明しています。佐野さんは、この説明後、中曽根首相は、いじめ、大学院・高等教育の問題に関心があった、と記者団に説明しています。これ以外にも中曽根首相の考えは示された、と思います。世上明らかになるかたちでの指示は、政治が教育を引っ張った、と受け取られることを避けるために抑制していたかもしれません。また、意向が示されたとしても、それが提言に反映されたかは、中曽根さんが臨教審は失敗だったと述べているように、疑問です。根幹の教育の理念については、中曽根首相の意向は反映されていない、と見るべきでしょう。

◇ ◇ ◇ 京都座会の提言と自民党文教族・文部省

👀 「何故、委員・専門委員の選任、事務局の編成をめぐって自民党文教族と文部省が官邸サイドと対立するようになったのか、その根底には松下幸之助さんが主宰した「世界を考える京都座会」が「学校教育活性化のための七つの提言」をまとめ、いわゆる"教育の自由化"を提唱し、中曽根首相もそれに与しているのではないか、と見られていたことが理由か」、とのご質問ですが、それは次のようなことだった、と思います。

臨教審のスタートのころの香山健一さんの論文や意見に見られるように、

"教育の自由化"は、当然、それまでの教育政策・教育行政の否定につながり、文部省の見直し・改革になる、と思われたでしょう。与党自民党の政務調査会の各部会と中央官庁の間には、予算案・法律案の作成とそれらの成立という共通の目標・レールがあります。両者は一体的な関係ないしは近い立場にありますから、"自由化"が厳密で本当ならば、それまで教育政策・教育行政を担ってきた両者には受け入れ難いものだったでしょう。

　臨教審の部会審議が始まるころに臨教審事務局に異動したある調査員は、「学校教育活性化のための七つの提言」「第13期中央教育審議会教育内容等小委員会報告」中曽根首相の私的懇談会「教育と文化に関する懇談会」の報告を渡されたらしいです。このころの臨教審は、このような三つの考え方・立場が交錯するなかに置かれていたのでしょう。「教育と文化に関する懇談会」（メンバーは井深大ソニー名誉会長以下7人です）の最終報告（資料7）は、教育理念の形骸化・教育改革の基本的視点に触れていますが、この懇談会には、石川忠雄さん（慶応義塾大学学長。後に臨教審の会長代理・運営委員会会長）、天城勲さん（元文部事務次官）が参画していました。やはり注目すべきは、それまでの教育政策・教育行政のパラダイムを転換する「学校教育活性化のための七つの提言」（資料8）でしょう。

〈資料7　中曽根康弘首相の私的懇談会「文化と教育に関する懇談会」報告（抄）〉

昭和58年6月14日中曽根康弘首相の私的懇談会「文化と教育に関する懇談会」発足、昭和59年3月22日最終報告

1.　教育の現状について
　　生徒の非行、落ちこぼれ等の教育をめぐる問題の背景
　（1）受験体制教育の弊害　　（2）画一教育の弊害　　（3）社会的風潮の問題
　（4）幼児期のしつけや家庭教育の問題
2.　教育問題発生の根本原因について
　（1）学校教育の急速な発展過程に生じたひずみへの対応の遅れ　　（2）教育理念の形骸化
3.　教育改革の基本的視点について
　（1）教育本来の使命に立ち返り、我が国の文化の選択的な継承とその創造的な発展を目指しつつ、激しい変貌の予想される未来社会に柔軟かつ主体的に対応

し得る人間の教育をめざし、長期的展望に立って教育体制を慎重に再構築する基本的態度の必要性

(2) 社会生活に必要な徳性や生活習慣を幼児期から人間形成の過程で身に付けさせる。また、自己の確立、人間の位置付けについての自覚の必要性

(3) 知識偏重の教育の弊害を改め、知識の基礎・基本を学ぶとともに、問題を発見・解決、創造力を培う考える知育の深化。自己学習の態度と方法の習得

(4) 生涯にわたりすべての人間活動の基礎をなす健康と体力の増進。体を働かせることによる精神の高揚の体験

(5) 豊かな人間性と文化を育むため、芸術などによる感性を養う教育に一層の努力

(6) 学習社会の建設を目指す。

4. 教育改革の方向と主な課題について

(1) 零歳からの幼児教育（自己規制の基本のしつけ、自主的な生活習慣の育成、感性を豊かにすることに重点を置き、家庭の教育的役割の活性化。胎児からの人間発達の研究の促進とその成果の活用、幼稚園と保育所の機能の整合を図る必要性）

(2) 義務教育（知育・徳育・体育についての基礎・基本の徹底を図り、教育内容の精選と指導方法の改善（ア　国語・算数の重視　　イ　自立心・他人への思いやりなど社会生活のための基本的態度の修得　　ウ　教科教育以外の生活全般の充実・学校外の奉仕活動等による体験学習の促進とその評価。義務教育の意義と内容の再検討が必要）

(3) 中等教育（入試の基準・方法の多様化、中高教育の一層の継続性、中等教育の多様化・弾力化などの諸点から学校制度の検討を含めた対策の必要性、国語・数学・外国語の学習の徹底的検討の必要性）

(4) 高等教育（ア　単位の相互認定制の検討　　イ　入学試験よりも入学後の教育を厳しく卒業者を厳格に　　ウ　一般教育の理念の再構築・一般教育専門教育の区分を廃し両者を統合した教育内容を大学・学部の目的に即して再編成　　エ　大学の単位制と学年制の二重規制の緩和　　カ　大学・大学院の質的充実を）

(5) 人物の評価（ア　人物評価についての考え方・慣行を見直す努力の必要性　イ　各大学は自己の大学の個性と特質を明確にしそれにふさわしい独自の選抜方式の工夫を　　ウ　職業人・社会人の再学校教育の機会に対応できるよう

受験の資格や方法の弾力化を　　　エ　資格試験・検定試験については義務教育修了後は学歴を離れて自由に受験できる道を開くべき）

（6）教員（ア　正式採用前に一定期間のインターンシップ制の導入　　　イ　社会経験の豊かな社会人がさまざまなかたちで教員に加われるよう、教員の研修の場の拡大と充実を　　　ウ　教員が教育に専念できるような条件整備を）

（7）国際性（青少年交流、留学生の受け入れ、外国での学習経験の評価、外国人教師の積極的活用、外国人に対する日本語教育について、学校・社会・政府の特段の努力の必要性）

（8）教育制度（学校教育制度の多様化と運用の弾力化を図り、希望するものに選択の余地を残す学校制度の再編成を図ることは、もはや避けてはならない。）

（編者注：この懇談会報告のとりまとめには、座長代理の天城勲さんが当たりました。天城氏によれば、二年ぐらいの期間を予定していたが、昭和59年正月に、藤波孝生官房長官から教育改革は内閣に設ける正式の審議会で行います、3月くらいまでに報告書を出してほしい、といわれたので、発言の速記をもとに骨子をつくり、メンバーに見せながら急いで59年3月にまとめた、とのことである（木田宏監修『証言　戦後の文教政策』433頁　第一法規　1987.8））。

👀　「世界を考える京都座会」は、松下幸之助さんが主宰するとはいえ、民間の私的なグループです。その「提言」が異動のときに渡されたことは、異例といえるかもしれません。この提言は、よほど重視されていたということでしょうか？　臨教審の第一部会で文部省初等中等教育局長がヒアリンクの際に配布した資料「我が国の初等中等教育」の説明内容からも、そういえるでしょう。

〈資料8　世界を考える京都座会（座長　松下幸之助）「学校教育活性化のための七つの提言」昭和59年3月13日〉

〈21世紀の社会〉

　21世紀は、情報化の進展を基礎とした、高度な知識と技術が集約された社会、そして多様化された社会であり、このような社会においては、豊かな情操と人と人との触れ合いが一層求められる。また、我が国国民が国際社会で活発に活躍することにもなろう。

〈21世紀に適応しうる教育〉

・あらゆる教育の場において公正な競争原理が機能すること。

・教育、特に教育制度に係る制限を撤廃または緩和すること。（自由で弾力性ある学校制度、教育制度とすること。）

・入学者選抜方法をもっと多様化すること。

・学校の設立を自由化させ、民間による学校を中心にした教育に逐次移行させること。

・社会人としての共通の規範を身につけさせる規範教育を学校においても行うこと。

○　学校教育活性化のための七つの提言

1. 学校の設立を容易にして、多様化すること

・学校設立の規制や指導を緩和し、誰でも自由に学校を設立できるようにし、学校の種類を多様化する。

2. 通学区域制限を大幅に緩和すること

・現在あるすべての通学区域の制限を大幅に緩和し、学校選択の自由を拡大する。（学ぶ側の学校選択の自由を確保する。）

3. 意欲ある人を先生にすること

・現行の教員免許制度を改めて、適性、能力、意欲があれば、一般社会人でも随時、常勤・非常勤の教職に就き得るようにする。

4. 学年制や教育内容、教育方法を弾力化すること

・固定的な学年制を弾力化し、子どもの学力に応じて飛び級や義務教育段階における留年制度など、さらに特定科目だけの進級制度も設ける。

・教育内容や方法についても、学校設置者の如何を問わず自由に決定できるようにする。ただし、言語や数量などの共通知識と能力の程度については、年齢段階ごとに決め、「標準学力認定制度」を設け、国民としての最低教育水準を維持する。

5. 現行の学制を検討すること

・現行の6・3・3制という区切り方には、それなりに意味があり、一概に否定すべきではないが、設置者が様々な学校体系を自由に選択出来るようにする。

・「標準学力認定」に合格できれば、学校を経なくてもよいようにする。

6. 偏差値偏重を是正すること

・学校選択はあくまでも学ぶ側に委ね、学校はその子どもの適性を考えた進路指導を行う。

・いずれの学校も、それぞれの特色に応じて選抜制度を決定できるようにする。（学外活動における評価や自己評価など多様な方式を併用することも考えられる。）

7. 規範教育を徹底すること
・自分自身の言動に責任を負う責任感、他人の気持ちを思う心の優しさ、法を守り、ルールを尊ぶ公平な気持ち、等の規範の習得は、本来、家庭や社会での教育としてなされるべきであるが、学校においても十分対応する。

👀　臨教審の委員・専門委員の選任、事務局の組織・編成をめぐる綱引きの背景には、やはりそれまでの教育政策・教育行政を否定ないし転換しようとする京都座会の提言があり、それが臨教審の審議に大きな影響を与えるであろう、との雰囲気があったからかもしれません。　これが文部省や自民党文教族に警戒感を生じさせた、ということかもしれません。

👀　「中曽根首相が京都座会の提言を改革の中心に置くとでも考えたのか」、とのご質問ですが、通常ならば、教育政策・教育行政も、長い間の積み重ねの上に展開されるものでしょうから、そうは考えられない、と思います。中曽根首相は「教育改革について七つの構想」をすでに明らかにしていましたから。臨教審答申は、結果的にかもしれませんが、中曽根首相の「七つの構想」、私的懇談会「文化と教育に関する懇談会」最終報告の内容と似通ったものもあります。京都座会の提言については、偏差値偏重の是正、規範教育の徹底は臨教審も同じでしょう。京都座会の現行学制の検討・学校の種類の多様化、学校設置者の判断による選択、意欲ある人を先生にすることについては、臨教審は6・3・3・4制を基本にしながらバイパスを設ける、六年制中等学校・単位制高等学校の設置についてはその設置者の判断、特別免許状制度の導入などが関連します。しかし、学校設立の容易化、通学区域の大幅緩和、学年制・教育内容・教育方法の弾力化、学校体系の自由選択については、隔たりがあります。「標準学力認定」の発想は、「就学義務」でなく、方向的には「教育義務」や「Out of School Learningの評価」と関わる部分があります。

👀　臨教審の審議は、当初、以上のような状況で中教審やその他の文部省の

審議会の通常の進め方・在り方とは異なり、「海図なき航海」となりました。岡本道雄会長、瀬島龍三委員の臨教審の運営に関する回想には、ところどころでそれが出ています。この状況は、相当の期間続くことになりますが、"自由化論"が鎮静化し、「個性重視の考え方、弾力化・柔軟化」と柔らかくなるにつれ、そして答申をまとめる時期が近づくにつれ、その評価はともかく、改革性はしだいに稀薄になったといえるかもしれません。

👀　「自由化」反対はあっても、自民党の文教関係の議員・文部省からは教育改革といえるような具体的な提案は、昭和58年11月の中央教育審議会教育内容等小委員会審議経過報告、教育職員養成審議会「教員の養成及び免許制度について」（答申）を除き、臨教審の設置前にも設置中にも出ていなかったようです。臨教審の終了後に、文部省は『文部時報』に文部省提出資料を掲載していますが、そのようなものはなかったといえるでしょう。文部省の若手などからも、非公式な提案もなかったようです。初等中等教育局長の第一部会ヒアリングでの配布資料や同局長の後年の"聞き書き"でも分かりますが、基本的には現状維持、自由化・規制緩和反対だった、といえるかもしれません。文部省の初等中等教育局長のヒアリングでの配布資料は、同局の教育内容担当の審議官が取りまとめたようですから、そうなるということでしょう。文部省の審議会はむしろ積極的に検討材料を臨教審に提案すべきだったとの考えもあるでしょうが、それは難しかったでしょう。また、臨教審も基本的にはそれぞれの部会の判断・方向で動いた、運営委員会・総会は、主に部会等の結果をもとに審議した、ということでしょうか？　瀬島龍三さんは、土光臨調と同じく運営委員会エンジン論で運営委員会が主体・主導性を発揮するということでしたが、瀬島さんの意向とは食い違ったと思います。臨教審は、やはり方向性が漠然としていた、委員数が多くいろいろの考え方があった、ということでしょうか？

👀　文部省・臨教審事務局は、審議にはノータッチ、と釘を刺されていたからでは？　藤波官房長官の決算委員会での答弁や香山健一さんの臨教審での発言でも分かりますが、国民各層・各分野からの幅広い議論ということで、陰に陽に議論を誘導するようなことは禁じられていたのでしょう。初等中等教育局長その他の関係者の第一部会でのブリーフィングは、数少ない発言の

第2　臨教審をめぐる中曽根首相と自民党文教族・文部省

機会だった、と思います。自民党には坂田学校以後には新しい文教族としてどういう議員さんがいらしたのかは分かりませんが、その方面からもなかったようです。臨教審のころには、義務教育教科用図書の「無償」をどう守るかをはじめ、"教科書問題（「侵略・進出」・『新編日本史』問題など）"がありましたから。また、江副浩正さんの前掲の著書によれば、T氏は教育改革に専念して取り組める状況ではなかった、ということでしょうか？

◇　◇　◇　　自民党文教族と臨教審のコンタクト

👀「自民党文教族の意向は臨教審にはどのように反映されたのか」、とのご質問ですが、有田一寿第三部会長は新自由クラブの結成に参加するまでは自民党政務調査会文教部会の副部会長でしたから、有田さんと自民党文教部会関係者との教育政策に関する認識にはあまり違いはなく、また、かつての同僚として比較的気軽に連絡を取り合っていた、と思います（編者注：有田氏は昭和49年に自民党参議院議員になり、文教部会副部会長として同部会初中教育チーム（有田主査）「高等学校制度及び教育内容に関する改革案50中間まとめ」をしています。この最終的なまとめは、その後の政治状況の変化でなされませんでした）。

👀　自民党は、当時、党の機関として「教育改革特別調査会」を設けて検討を進めていました。第一次答申がなされるおよそ一か月前の昭和60年5月15日（この時の教育改革特別調査会長は森喜朗さんでした）には、臨教審の岡本道雄会長、石川忠雄会長代理、天谷直弘・石井威望・有田一寿・飯島宗一の各部会長を招き、「審議経過の概要（その2）」の説明を受け、幅広く意見交換をしたようです。そのなかで、「自由化」については、一般論としての言葉のやりとりではなく、「大学設置基準」などの具体的な緩和策として現実的に議論することでほぼ共通の理解に達したようです。また、昭和60年12月10日開催の「教科書問題を考える議員連盟」（会長　林健太郎氏）の第2回総会には、有田一寿第三部会長、文部省初等中等教育局長が出席し、学習指導要領の在り方、道徳の内容、社会科の科目構成、教科書の内容、検定・採択について意見交換を行っているようです。昭和62年4月初めの第三次答申のとりまとめを前に、自民党教育改革特別調査会正副顧問会議（メンバーは、

稲葉修・奥野誠亮・砂田重民・海部俊樹・長谷川峻の各氏など）が開かれ、教科書、教育財政、入学時期などについて話し合っているようです。その内容は、何らかのかたちで臨教審の関係者や文部省にも伝えられたでしょう。臨教審の提言には、内容により法律化や予算措置が必要になるものがあります。それは、与党の責任で行うことになりますから、与党の文教関係議員、特に文部大臣経験者の意向は臨教審の関係者に考慮されたでしょう。野党議員と臨教審との意見交換会は、ありませんでした。野党議員とのやりとりは、臨教審の会長・部会長などが参考人として出席した文教委員会での質疑だけだったようです。

👀　与党に改革の意欲が少なく、そして臨教審側の改革エネルギーが小さければ、与党文教関係議員と接触すればするほど、臨教審の提言が従来の路線の延長に止まることになるかもしれません。一部の委員の献身的ともいえる努力、具体的構想・突破力などによる提言を除いて、臨教審の提言に改革性が低いのは、中曽根首相と森喜朗さんや自民党文教族との間の教育改革に対する認識とそれをめぐる両者の足並みが揃わなかったこと、政策課題の認識と政策提言能力の不足に理由が求められるかもしれません。こうしたことが、最終答申における文部省の政策官庁としての機能の強化の提言に繋がった、といえるかもしれません。

第3 "自由化"に踊らされた？　文部省初等中等教育局

◇ ◇ ◇ 「自由化」とは？

👀 「臨教審といえば、その設置や審議の最初の時期は、"自由化"が話題でした。マスコミも、ずいぶん取り上げました。第一部会には多かれ少なかれ、"自由化"に賛成の立場の委員・専門委員がいる、といわれました。"自由化"とは何か、それはどういう理由・背景からの提起であったのか」、とのご質問ですが、簡単にいえば、学校や学校教育が画一的で規制が強い、そうしたことから荒廃・疲弊化している、その打開の方策として"自由化"が考えられた、ということでしょうか。昭和40年代後半・昭和50年代は、教育内容の量的な拡充・質的な高度化・現代化、教頭職の法制化・主任制の導入、些細な校則の制定など管理主義的傾向の重圧のもとで、いじめ、校内暴力、不登校など荒廃した学校の問題がクローズアップされてきました。逆に、多発する校内暴力・いじめ・問題行動などのもとでは、管理教育への期待があったかもしれません。教育や教員の質・意欲の低下もあったかもしれません。が、そうしたことから、自由化に与するひとは、公教育において教育の供給サイドより消費サイドの意向をもっと尊重し、供給サイド、公の側に競争を導入することにより学校教育の活性化を図ろう、ということでした。これほど、単純化してはいえないでしょうが。他方で、こうした見方は不適切であると疑問を持つ人々もおりました。

👀 「日本経済新聞」の教育担当の記者・論説委員を長く務め、その後、筑波大学教授に就かれた教育行政に詳しかった黒羽亮一さんもNHKの戦後70年の企画番組「日本人は何をめざしてきたのか」のなかで、この当時のことについて教育界の閉鎖性・管理的性格からくる闊達さの不足・閉塞感を指摘していました。

　これには、学校教育・教育行政が文部省・教育委員会という独立的・閉鎖的な組織のなかで行われていること、教育界では先輩後輩の繋がりの強いことがあると思います。戦後、「一県一大学の原則」がありました。そこで教

員養成が行われ、そのルートが教職への主流になりました。教育委員会事務局の主要人事（指導主事・管理主事を含む）や県費負担教職員の採用・異動・昇任などの任用その他が、旧来の師範学校・大学の教育学部（学芸学部）の先輩後輩のつながりの強いなかで行われていることがあります。教育委員会事務局の経験者が校長などになっていたりすると、学校でいじめ・暴力などの事件が起こっても、教育委員会の事務局の後輩はその原因究明・責任の所在などを曖昧にすることになりかねません。これらの場合には、損害賠償の問題が絡むこともありますが。教育行政の中立性・教育委員会の独立性については、戦後の教育委員会制度についての誤解も背景にあります、これは、〈コラム7　教育委員会は地方教育行政機関？　それとも学校法人の理事会？〉で、説明します。

　かつて、ある教育行政関係者が話したことのようですが、"昭和30年代は、「教育委員会法」の廃止・「地方教育行政の組織及び運営に関する法律」の制定、「学習指導要領」の試案から法的基準化、「特設道徳」の設置、教員の「勤務評定」の実施、「学力調査」の全国一律実施など、次から次へと矢継ぎ早やで行ってきた、必要なことがらもあったが、ひとつのケリがつくと、すぐにまた、という感じを受けた"、と。内藤誉三郎さんを念頭においてのことかどうかは、分かりません。こうしたことが、ともすれば過分に、文部省 → 都道府県教育委員会 → 市町村教育委員会 → 学校、となった背景のひとつかもしれません。地教行法には「文部（科学）大臣及び教育委員会相互間の関係等」（第五章）、県費負担教職員の制度（第四章第二節）の規定があり、文部省のタテ割りの補助金制度もありますから。今はなくなりましたが、かつては都道府県・指定都市の教育委員会の教育長については文部大臣の、市町村の教育委員会の教育長については都道府県教育委員会の任命承認制がありました（これがなくなるのは、「地方分権の推進を図るための関係法律の整備等に関する法律（平成11年法律87号）」（地方分権一括法）第140条により地方教育行政の組織及び運営に関する法律の改正によってです）。

〈コラム1　臨教審の"自由化"論とは？〉

　「自由化」の定義は、ありません、感覚的・情緒的な問題の議論であった、と

いえます。このコラムも、その意味合いでの記述に過ぎません。

　臨教審のスタート後の昭和60年2月9日の衆議院予算委員会において、中曽根首相は山原健二郎議員（共産党）の質問に対し、今の学校教育の硬直性、閉鎖性を打破しなければならないとの意味では私は自由化論者である旨を答弁し、また、同月18日の同委員会で池田克也議員（公明党）の質問に対し、無差別で画一的平等が公平で個性を大事にすることが不公平だということは、悪平等の考え方であり、これを打破しなければならない、と答弁しています。

　中曽根首相のブレーンといわれた香山健一委員（本人は、ブレーン説を否定していました）は、自由化論者といわれました。文部省・自民党文教部会の関係者は、自由化論に反対でした。臨教審の設置の際には、その委員・専門委員には自由化論の強い「世界を考える京都座会」の関係者が多数選任されるであろう、との推測がなされていました。それは当たったともいえるでしょう。天谷直弘・石井威望・木村治美・山本七平・渡部昇一・黒羽亮一の各氏は京都座会のメンバーないし関係者でした。しかし、少なくとも天谷・石井・木村・黒羽の各氏は、京都座会の七つの提言のすべてにわたり極端な意見の持っていたわけではありません。香山健一、俵孝太郎・屋山太郎・公文俊平氏は、広い意味でのいわゆる自由化論者であったと見てよいかもしれませんが、京都座会の提言は「高めのボール球」（？）と考えてもよかったかもしれません。しかし、実際には、自由化に対し必要以上に警戒感をもたらし、逆にこの京都座会の提言が臨教審での自由化論議を封じ込めた、あるいは"教育荒廃、負の現象"やその是正策と"自由化"を結びつけた問題提起のしかたに問題があった、といえるかもしれません。

　昭和40年代後半からでしょうか、重厚長大の産業構造の"産業社会型国家"からの離陸、"成熟社会"への移行論が現れてきました。欧米へのキャッチ・アップが終了したとの見方もありました。46答申も、そうしたことを背景にしていると受け取れる部分があるように思います。つまり、産業構造、社会構造・社会のしくみ・行動パターンなどいろいろの面で社会の変化・進展、多様化・流動化が見られるようになりました。都市化・核家族化など個人・家庭・コミュニティも変容しました。多かれ少なかれ、いろいろのところで新たな状況への対応が求められるようになったといえるかもしれません。そうした社会や個人の多様性・柔軟性・流動性のニーズに合わせて、学習内容・学習方法・習得のしかたなどの検討の必要性が高まったことです。一生を学校教育・職業生活・定年後の生活の三期間に区分するのでなく、柔軟性を高める生涯学習社会の構築とも一致します。

その観点から、初等中等教育・高等教育・社会教育・企業内教育・自己啓発を考えると、柔軟性に欠ける公教育制度、"教育の機会均等"論に傾斜し過ぎるCourse of Studyの基準性、学校教育活動の基準・学校生活の規則などが、ともすれば教育や学校の画一性を生じさせ、それに合わないとネガティブに評価される、そうした状況が閉塞感をもたらしているのではないか、などの見方です。柔軟性・流動性を高める学習形態・単位の修得・卒業課程の認定を、個人の多様な教育ニーズとの関連で対策を考えるということです。少人数教育・個別指導、学校外指導・塾、教育費の増大、教える側の状況も含めてです。それほど単純化できるかは別にしても、ですが。

　個人、社会がいろいろの意味で、たとえば、考え方、Way of Life、進路・職業、産業・雇用、情報化、テクノロジー、国際化、情報化、各種のツール、枚挙に暇がありませんが、多様化が進み個人的・社会的ニーズが分散・拡散し、個人の判断・個性が重視され、いろいろの分野・レベルで選択の幅を拡大する必要があります。社会構成員として共通的に求められるものから個人の選択に委ねられるものまで、多くの分野・多段階で選択肢の拡大が求められることになります。そうしたことを背景に、"自由化"と表現したように思われます。公教育の分野であるいは私的な学校外活動を含めて、児童生徒の発達段階と共通性・個性の尊重、公財政の負担・公の支援、そうしたことを適切に判断できる環境の整備を、どのような考え方・しくみ・方法で実現するかの大きな問題提起であったともいえます。"自由化"という表現は不適切であったかもしれませんが、この問題は、このときの臨教審の問題に留まらずそれ以後の教育政策においても、重要なことがらといえるのではないでしょうか。さらに、（流動化する）教育ニーズの把握と公の対応の範囲、公教育における基準性・義務性の問題、教員の対応力の向上、さらに生涯学習とも関連する課題でした。

◇ ◇ ◇ 「自由化」は市場原理？　米国公教育の歴史をどう見るか

👀　臨教審の第三部会長の有田一寿さんは、教育問題を供給サイド・消費サイドなど「経済用語」を使用して説明することには違和感を持っていたようです。有田さん自身は、若築建設・クラウンレコード・ユニオン企画（かつて、テレビの年末の大型歴史番組「忠臣蔵」「田原坂」「白虎隊」「奇兵隊」「五稜郭」を製作していました。これらは三文字のタイトルです。三文字の題名は、視

聴率が高くなるそうです（？））などの経営に関わっていましたが、大学では
"教育"を学び、卒業後は学校教育・社会教育などの実践の場でも活躍して
いました。効率的市場仮説・合理的市場論―市場は情報を完璧に合理的に処
理し資本を効率的に配分する―は、経済金融市場での理論ではあっても、初
等中等教育では不適切である、との考えでした。学校を選択するのに必要・
適切な情報の提供がなされ、保護者等によって学校の選択が適切になされる
のか疑問がある、教育行政側の施設・設備の計画的な整備が困難になり教育
財政に支障をきたす、教育の機会均等が損なわれるなどの理由・懸念からで
す。学校選択については、義務教育段階での通学区の廃止・通学校の選択の
拡大が話題になりましたが、その実施は変遷をたどりました。

　第三部会には公教育に関わる委員・専門委員が多く、「自由化」慎重論が
強かったようです。このためでしょうか、マスコミなどはあたかも第一部会
と第三部会が対立しているかのように報道するところもあったようです。

👀　文部省は、教育分野への「市場原理」反対を唱えていました。自由化の
考え方は、シカゴ学派のM.フリードマンの市場原理、合理的市場説との見
方がありますが、文部省がその内容、特にM.フリードマンの学校教育制度
の退廃論をどう承知していたかは分かりません。臨教審事務局の調査員のN
氏は、後に教育行政研究者との"聞き書き"でM.フリードマンを援用し自
由化反対論を展開していました。それに対する"聞き書き"氏の反応はな
く、それ以上のやりとりはありませんでした。M&R.フリードマン『選択の
自由』の意図は保護者の教育要求にどのように応えるかということであっ
た、と言えるでしょう。我が国では「市場原理主義」というと、教育ハイレ
ベルの人々の議論、「弱者切り捨て」と受け取られ、その先の議論が進ま
ないようです。議論もなく、「市場原理主義」で相手を攻撃しがちです。香山
委員の論旨は、供給サイドの事情より消費サイド（教育の受け手）の要請に
もっと応える、消費サイドの選択の幅を拡大するというもので、「自由化」
は目的ではなく手段である、ということでした。また、第一部会のある専門
委員は、教育改革は試行錯誤であり、義務教育における自由化の限度は？
との問題意識を持っていたようです。

👀　『選択の自由』は、1979年9月の出版です。翌年には、日本語版が刊行さ

れています（編者注：以下の引用部分は、M＆R.フリードマン．西山千明訳『選択の自由　自立社会への挑戦「新装版」』（日本経済新聞出版社　2012.6）によります）。

　シカゴ学派は、経済合理性、市場原理、有効な資源配分、公正な分配がテーマといわれます。民営化の提言もあります。経済活動の自由度を最大限に認めることにより市場のパワーを活用する、規制や政策的介入で市場活動に介入することを批判します。『選択の自由』の「第6章　学校教育制度の退廃」は、アメリカの公教育の歴史的展開をもとに公立学校の肥大化につれて教育の退廃が拡大し生徒やその保護者である消費者の選択の自由が少なくなる、としています。

👀　選択の自由について「学校教育においては親とその子弟が消費者であり、教師や学校行政監理者は生産者だ。そのような学校が中央集権化されることは、学校教育の単位が大きな規模になっていき、消費者の選択の自由が減少し、生産者の権力が増大することを意味する。……悲劇は、そして皮肉なことは、人びとに共通の言語を教え、アメリカ市民にふさわしい価値観を与え、すべての児童に平等な教育機会を与えることを目的につくられた公立学校教育制度が、実際には社会の分裂化を悪化させ、たいへん不平等な教育の機会しか提供できなくなっているというこの事態だ。」「親がより大きな「選択の自由」を持てるように保障することができ、それと同時に現行の学校教育財政支出のために財源を維持することができる一つの簡単な方法は、授業料クーポン制度だ。」「ここで提案している授業料クーポン制度は、アメリカの在郷軍人の教育的利益のため提供されたあのGIビルとまさしく同様な原則を具体化したものだ。GIビルの場合、在郷軍人はその勉強のためにだけ使えるクーポンを受けとる。これを受けとった在郷軍人は特定の基準に見合った学校である限り、このクーポンを使って進学する学校を選択できる完全な自由を与えられる」。提案の授業料クーポン制については公立学校も対象、どこの地域でも受け入れてくれるならば、とします。想定される反対意見としては、教会　対　国の論争、財政費用、不正の可能性、人種問題・階級問題、新しいタイプの学校に対する疑惑、公立学校に対する影響を挙げていますが、それへの対策も考えています。「教育官僚による自分たちに対す

る自己愛こそが、教育に市場の競争を導入するのを阻止しているもっとも大きな要因だ」（273頁）。「小・中・高等学校教育の問題」では「小・中・高等学校授業料クーポン制度」を紹介し、「高等教育の問題」では高等教育の質の問題、公平の問題（社会的利益の問題）、平等な教育機会という問題を、「高等教育問題に対する解決策」では政府による財政援助に対する代案、高等教育のためのクーポン制度を論じています。

◇ ◇ ◇　公立学校教育と学校区の統合・選択の縮小

👀　米国における最初の義務教育法は、1852年のマサチューセッツ州での立法です。日本の「学制」頒布（明治5年）の20年前です。義務教育法がアメリカのすべての州でつくられたのは、1918年です。M＆R.フリードマン『選択の自由　自立社会への挑戦』は、「アメリカ公立学校教育の父」といわれるホーレス・マンの主張の要点を“教育はきわめて重要なので、政府はすべての児童に対して教育をする義務をもっており、学校は非宗教的なものでなければならず、またすべての宗教的・社会的・人種的背景の児童を受け入れなければならず、普遍的で無料の学校教育だけが児童を彼らの親が苦しめられたハンディキャップに打ち勝てるようにすることができる”というものであった。公立学校中心に、です。カトリック教会やその他の宗派によって運営されているのが大半だった私立学校は少数の児童が通学するだけになった、政府が学校教育行政に直接当たることによって学校教育における質も多様性も減少させられている、アメリカだけでなく、イギリス、フランスでも（編者注：日本でも、です。〈コラム2〉を参照願います）。学校区は次から次への統合されていき、学校教育の規模もいっそう大きなものとなり、学校教育に対する支配権もますます職業教育家の手に渡されていった、教室が一つといった小さな学校とか、地方自治体によって構成されていた学校理事会は雪崩を打って崩壊し、学校教育に対する支配権は地方の共同体からより大きな単位へと、すなわち市や郡や州やそしてもっと最近では連邦の政府へと、急速に移っていった（245頁）。

👀　学校の管理が職業的教育者にとって代わられるにつれ、親たちによる管理力は弱められ、そのうえ、学校の機能も変革、その他の目的が促進された

（247頁）。教育では、生産者が御者であって消費者は何もほとんど注文できない乗客でしかない（248頁）。学校教育においては親とその子弟が消費者であり、教師や学校行政管理者は生産者だ。そのような学校が中央集権化されることは、学校教育の単位が大きな規模になっていき、消費者の選択の自由は減少し、生産者の権力が増大することを意味する（249頁）。

　我が国は公教育制度の後発国ですから、よけいに生産者・供給する側のちからが強い、といえるでしょう。他面、これが教育の機会均等、教育水準の向上に大きく貢献しました。我が国のような方式は、後進国が早急に教育制度を整えるためには効率的だった、と思います。しかし、我が国でも、たとえば、増加する不登校の児童・生徒のフリースクールなどでの学習との連携、特別の支援を要する児童生徒、私立高等学校における一定額までの授業料の不徴収、各分野で"通常"に収まらない者に対する学校での一律的な対応の行財政的な限界、そのほか多様な教育需要や教育期待などを考えると、臨教審当時の「自由化」論は粗っぽい問題提起でしたが、意義があったといえます。学校教育の消費者である保護者の意見をどのように取り入れていくか、画一性の是正・個性重視について検討すべきとの主張は、妥当でしょう。

👀　伊藤元重教授は、『選択の自由　自立社会への挑戦「新装版」』の解説で「今日なお輝くフリードマンの議論」として説明しています。日本でも、土光臨調の行政改革では日本国有鉄道・日本電信電話公社・日本専売公社の民営化が進みました。小泉純一郎内閣では郵政民営化、構造改革がありました。

◇　◇　◇　「School for Public」の意味

👀　英国の伝統ある私立の名門校、例えばイートン、ハロウなどは「Public School」といわれます。どうしてパブリックなのか、どのような起源か？"School for Public"が由来でしょう。富裕層は自分の子どもの教育のために個人的に家庭教師を雇いますが、次のレベルの層は共同で教師を雇って自分たちの子どもたちの教育を行い、社会的上昇を目指すようです。"自分たちの子どもの教育は、自分たちの考えで自分たちのお金で行う"。早い時期に

アメリカへ移住した人々も。それが学校区（The District of School）の考えらしいです（曖昧ですが）。英国でLEA（地方教育当局）が設けられるのは、後になってからです。

👀　興味深いのは「市場原理」の立場とは異なる、「行動経済学」の出発点といわれるダニエル・カーネマン（ヘブライ大学の心理学教授）とエイモス・トベルスキーの理論は、1979年に発表されています。人間的な要素—行動経済学の創始です。意思決定理論が示す行動と実際の意志決定は、一致しないことを確認するものです。臨教審の設置時でも、市場原理・経済合理性の考え方だけではなかったようです。シカゴ学派のM.フリードマンの選択の自由論、オランダの教育の自由性、世界を考える京都座会「学校教育活性化のための七つの提言」が臨教審の自由化論者といわれるひとの考え・主張になったわけではありません。

👀　有田一寿さんと香山健一さんは、旧知の間柄だったようです。第一部会が合宿集中審議の結果をまとめるに際にも、連絡を取っていたようです。お二人は、"課題"についてはどこかで接点を、と考えていたようですから。臨教審の期間中も、お二人はときどき昼食をともにしながら懇談していたようです。有田さんは、自分のところの調査員にも連絡し落としどころの瀬踏み・感触を探っていたようです。天谷直弘さん、香山さんは、教科書問題でもそうですが、第三部会との摺り合せが済むと、総会では第三部会の提案を支持しています。

〈コラム2　オランダの教育の自由とは？〉

　臨教審の審議の当初、「オランダの教育の状況」が自由化の例として紹介されていました。オランダは、ライン川をはじめ河川交通の要地です（スキポール空港は、かつてはハブ空港としての役割も今よりも大きかったようです）、ひとびとの移動性の高い地域です。私立学校と公立学校の教員は給与水準が同レベルである、宗教教育や教育改革・教育方法などに学校の裁量が広く認められている、とのことでした。私的教育から公共の教育が形成されたことが主因でしょう。沿革的理由からでしょうか、公立学校は私立学校の補完の性格が残っていました。英・仏・独・伊などもそうですが、教育（学力）の到達水準について公的な資格制度・認定制度があります。それに注目すべきです。京都座会の七つの提言の

「標準学力認定制度」もそれらを参考にしたのでは、と思われます。

　我が国は公教育制度の後発国ですから、当然、公立学校・就学義務の重視となりました。さらに、明治32年の改正不平等条約の施行にともない、外国人の内地雑居・キリスト教が公認されますが、私立学校は厳しく統制されました。私立学校令・明治32年文部省訓令第12号の制定によって、です。改正不平等条約の施行に合わせてです。私立学校は公立学校の補完であり、その設置・経営は「特許」です。我が国では課程の修了・卒業は、整備された国の法的基準のもとで各学校長の認定によります。これらの状況を「二つの学校観」として紹介している例もあります。江副浩正さんも、江副『リクルート事件』のなかで、我が国の学校教育の特徴についても触れています。

👀　オランダの教育については、臨教審としては資料を収集したり現地調査をしたりしていますが（編者注：「米、英、蘭、仏の教育改革の動向」（『文部時報』昭和60年11月号）参照）、その程度です。余談ですが、臨教審の海外調査の際の名刺には「The Provisional Committee on Education」でなく、「The National Committee on Education」を用いたようです。「The Provisional Committee on Education」だと、軽く見られるとの理由からだったようです。おそらく元外務事務次官須之部量三さんのアドバイスでしょう。

　本題に戻りますが、自由化の主張として大きな影響力を有したのは、やはり京都座会の提案、自由・大幅な規制緩和でしょう。有力な方々が参加していましたから。加藤寛先生は、臨教審のメンバーには選任されていません。第一部会は、加藤先生からヒアリングをしています。土光臨調の際に「各省特殊法人一つの削減、各局一課の削減」が取り上げられたときはその第四部会対応は大変だったが、本来、加藤先生は非常に丁寧なひとだよ、という人がいました。加藤先生からその著書を戴いたとき、その送り状には返事は無用ですとの加藤さんの心遣いの添え書きがあった、といっていました。加藤先生は、京都座会の提言はそれほど熟慮・議論され具体的に内容が練られたものではない、と話していました。多くの関係者が加藤寛さんの説明に関心を払わなかったことは、残念です。

〈資料9　加藤寛氏の説明（臨教審第一部会ヒアリング〈昭和60年1月9日〉から）〉
・京都座会の提言は、具体的な大きな変革ということではなく、改革の手掛かり
　となること（ア．多様化している社会・現状　→　多様な方式　　イ．目標の
　ない社会　→　個々人の考えが表れ、社会の方向性が決まる（自由な発想。規
　則は少なければ少ないほどよい））
・昭和21年　前田多門文部大臣（昭和20年8月18日〜21年1月13日在任）画一性は
　無用（編者注：有光次郎メモには、これより先の昭和20年10月9日（火）文部
　省議での前田文相留任挨拶が記されています。「軍国主義的画一教育ニ代ヘル
　ニ個性ノ完成ト国家社会ヘノ奉仕ヲ目的トスル進歩的教育制度ヲ確立シ人文及
　ビ自然科学ノ振興ニ一段ノ努力ヲ致ス所存デアル」（幣原喜重郎内閣成立
　10.6「戦時教育令の廃止。　2　新教育ノ指標より）、経済発展・賃金上昇、余
　裕時間　→　心の豊かさ
・中教審46答申　駆け足前進　→　個人尊重、教育は軌道修正が困難、変革の成
　功には理念・組織・機能が必要
・供給サイド（学区制・公務員　→　意欲を持って行う）、消費者の行動（信頼
　感の欠如、教える側が競争意識を持って）
（編者注：加藤寛氏は、土光臨調では第四部会長を務めました。土光臨調は、第
　一次答申後に組織を再編し四部会となりました。第一部会「行政の果たすべき
　役割と重要行政施策のあり方」、第二部会「行政組織及び基本的行政制度のあ
　り方」、第三部会「国と地方の機能分担等及び保護助成・規制監督行政のあり
　方」、第四部会「三公社五現業・特殊法人等のあり方」です。「第1　臨時教育
　審議会−回顧と土光臨調との対照」の牛尾治朗さんの談話は、再編後のことで
　す。）

◇　◇　◇　荒れる学校、多発する問題行動・低年齢化

👀　教育改革が社会的に指摘されるようになる昭和58年、59年のころのこと
ですが、教育界や学校の閉塞感が問題にされるようになりました。学校、教
育の場をどのように活性化するか、自由化は京都座会だけでなく、日本経営
者団体連盟、経済同友会、関西経済同友会などの経済団体その他からもあり
ました。京都座会ほど強くはありませんでしたが。第二次ベビーブーム世代
が中学校の時期であり、マンモス校、いじめ、不登校、家庭の崩壊、荒れる
子どもたち・多発する問題行動と低年齢化、そうしたことから受ける教員の

圧迫感……。『昭和61年度版 青少年白書』は、青少年問題の現状と対策として記述しています（編者注：この時期の問題を、読売新聞昭和時代プロジェクト『昭和時代一九八〇年代』（中央公論新社 2016.8）は荒れる子供たち、教師に向かう校内暴力 非行の低年齢化と、日本児童教育振興財団編『学校教育の戦後70年史』（小学館 2016.7）は校内暴力の嵐と「管理教育」への過剰期待、多発する子どもの問題行動と管理教育 深刻化するいじめ問題への対応として取り上げています）。臨教審の第一次答申（昭和60年6月）は、受験競争の過熱、いじめ・登校拒否、校内暴力、青少年非行などの現象が目立ち、極めて憂慮すべき事態とし、学歴偏重の社会的風潮、一流企業や一流校をめざす受験競争の過熱・偏差値偏重、知識偏重の教育、多様な個性への配慮に乏しい教育を挙げています。学校は教師中心の発想で子どもの立場からものを見る姿勢が乏しくなりがち、詰め込み・画一的教育を批判し、親の過保護・放任、家庭の教育機能の低下も要因と見ていたようですから。自由化を単に市場原理に根ざすものと受け取るのはいかがでしょうか。負の現象、ネガティブ・サイドだけでなく、学校や教育の活性化のために、積極的・ポジティブ面に着目し自由化を検討する立場の人もいたでしょう。

◇ ◇ ◇ 「自由化」論に過剰反応？ の文部省初等中等教育局

👀 臨教審の第一部会における文部省初等中等教育局長からのヒアリングは加藤寛さんのヒアリングの二週間後でしたが、第一部会のある委員は、初中局長の説明を第一部会の論議からはずれた過剰反応とみていました（初中局長がその際に配布した資料は、マスコミにも配布されています（編者注：この資料は、文部省『文部時報』昭和60年臨時増刊号（1299号 165〜174頁 ぎょうせい 1985.7）に掲載されています））。まだ、第一部会でも総会でもそんな議論をしていませんから、ということだったようです。マスコミに誘導・踊らされた、あるいは臨教審事務局から聞いた"自由化"の雰囲気を前提にした予防措置だったかもしれません。京都座会の「学校教育活性化のための七つの提言」は、臨教審では資料として配布されていません。初中局長は、京都座会の提言を正面から受けとめたということでしょうか？

👀 初等中等教育担当の第三部会長の有田一寿さんは、自由化は初等中等教

育ではなく、むしろ高等教育段階で検討すべき、との考えだったようです。制度の柔軟化、弾力化、自由化の必要性は、高等教育段階でこそ大である、ということです。戦後、「Secondary Education for All」（すべてのものに中等教育を）が唱えられました。臨教審の設置のころは、高校進学率がかなり上昇していました。後期中等教育では、英国・米国では量的拡充から質的向上が課題になっていました。有田さんは、課題は制度面ではなく運用・実際面であるとのお考えのようでした。文部省の宮地貫一さんは、臨教審で高等教育について説明していますが、主たる課題は自由化・規制緩和ではなく高等教育の予算をいかに充実するかだ、ということでした。

👀　第一部会がヒアリングした山崎正和さんも、「個別化」・「多様化」を論じていました。大来佐武郎さんは、"中心の異なる教育と経済のoverwrapの必要性、今後は諸外国の技術の導入による経済発展は困難との見方、我が国の技術的先進性の衰えや国際化と教育問題の関わり（海外で一緒にしごとを行う、違和感を持たない・感じさせない教育の必要性（そのひとつとして英語 ＝ 世界語））に触れ、工場進出・製品の輸入、国際機関へ多くの日本人を、という考えでした。

👀　大来さんの　話題が出たので思い出しました。ある調査員の話しですが、あるとき、突如、齋藤正さんから大来佐武郎さんの『中央公論』の巻頭言をどう思いますかと尋ねられ、たまたま目を通していたので助かった、と。齋藤正さんは、山田詠美さんのものも読む幅広いひとだったらしく、教育を広い視野で見ていたようです。

◇ ◇ ◇　「自由化」の意味は？

👀　臨教審の自由化の立場の委員、たとえば香山さんは、"自由化"は目的ではなく方法である、目的は個性の尊重、個性を伸ばす、ということでした。「個性重視（の原則）」に落ち着いたのは、こうしたことからでしょう。中内功さん（ダイエー）は、異なっていたようですが。香山さんの論は、『自由のための教育改革　画一主義から多様性の選択』（PHP研究所　1983.3）を、臨教審にも精力的に取り組んだ中内さんのお考えは日本経済新聞「私の履歴書」、中内さんの伴走をした小榑雅章さんの『闘う商人　中内功　ダイ

エーは何を目指したのか』（岩波書店　2018.4）、を参照願います。

　　岡本会長は、個性の尊重・重視は「不易」であり、選択・多様性の拡大は「流行」との立場だったようです。なお、臨教審における自由化論議の扱いについては岡本会長のいささかの心残りを含め岡本会長の前掲書をご覧ください。石川忠雄会長代理は、「自由化」、「弾力化」、「選択の拡大」、「多様性」などの語句については 厳密に定義するというのではなく、柔軟に、求めるべきものを考えよう、ということだったようです。「個性」も、歴史的・社会的な意義を持った個性ということでした。瀬島龍三さんの見方は、『瀬島龍三回想録　幾山河』（産経新聞ニュース社　1995.9）をご覧ください。

👀　「自由化」は第一部会、「弾力化・柔軟化」は第三部会の関係者が用いていたようです。横一列駆け足行進で欧米にキャッチ・アップした後の時代、成熟化社会では、程度問題はあっても、その必要性は共通的な理解だった、と思います。後ほど述べますが、第三部会の改革手法は、「バイパス論」、「選択的実施」、「垣根（境界）を低くする」との発想でしたから。

👀　自由化を強硬に主張したとしても、臨教審における議決は、「総会」でした。その総会には、専門委員は出席を認められていませんでした。「議事は、委員の合意を得て決する」とされ、「運用に当たっては、審議を尽くし、全員の合意を得るよう努めるものとする。ただし、全員の合意が得られない場合にあっては、会長の裁断により、多数によって決することができるものとし、その場合は委員の3/4を目途とする」との申合せ（昭和59年12月19日「臨時教育審議会議事規則第2条第2項の運用について」）をしていましたから、実際には自由化論者も反自由化論者もその主張を通すことは、難しかったでしょう。25人の委員、総会で3/4の多数決ですから、臨教審の委員構成から見て一方的に自由化・規制緩和に傾斜することは考えられなかった、同時に、この申し合わせができたことにより臨教審の提言は改革性が薄れることになった（？）、といえます。結果的には、「運営規則」をちゃんと考えた人がいるんですね（編者注：第一次臨調は、その設置法の付帯決議で全会一致としていました。その結果、行政改革が進まない面がありました。第二次臨調は、全会一致制をとりませんでした）。教育改革の場合には、その性格上多数の支持を得て行うとのことから、議決はこの方式にしたと思われます。この観点か

第3 "自由化"に踊らされた？　文部省初等中等教育局

らは、初等中等教育局長の自由化反対の説明・発言は教育行政の責任官庁として立場を明確にするということに意味があった、ということになりますか？

👀　加藤寛さんの第一部会でのブリーフィングを文部省はどうフォローしていたのか分かりませんが、加藤さんの説明内容からすると、文部省のオーバー・リアクションと受け取られても仕方ないでしょう。そうだとしても、"自由化論"の影に怯えた初等中等教育局というのは、いかがなものか、と思います。教育行政の責任官庁として文部省が実現したいこと、政策目標、教育改革について文部省のストーリーが まだ十分でなく、あのような状況では最初から守り一方だったということでしょう。"自由化論"に踊らされたのは、臨教審の事務局も同じだったのでは？　これは、後ほど説明しますが、第一部会の審議スタイルは、いわゆる文部省スタイルとは異なっていましたから。

👀　加藤寛さん以外の京都座会のメンバーに聞いても、「京都座会」の提案はそれほど検討・議論されていません、内容について具体的に練られたものではありません、一致した見解でもありません、とのことでした。これは、第一部会のヒアリングでの加藤寛さんの説明と同様です。京都座会の"自由化"の内容を吟味せず、文部省サイドは最初から「自由化反対、自由化反対」だったようです。当時としては、それほど深刻だったということでしょうか？

👀　臨教審における「自由化」論争の意義は、何だったのか。元調査員N氏は、「確かに、この臨教審という審議の舞台は、中曽根総理と、そのブレーンの新自由主義的な教育の自由化論者の人たちがセッティングした場ですね。そこの中で文部省自身も、わざわざ中教審の審議を中止させて、臨教審の場で色々と教育の自由化論者等との論戦を挑まないといけないという苦しい状況はあったとは思うんです。ただ、その議論の結果、文部省としても十分、受け入れ可能な改革の方向が出たわけですから、答申を受けて、改革の実行を粛々とやっていくというふうに文部省としてはなっていきますね。」といっていますが。

👀　そうですか。文部省が「答申を受けて、改革の実行を粛々と……」につ

いては、「第10　政策官庁としての機能の強化（その1）－教育の本道とは？」に譲りましょう。

◇ ◇ ◇　第三部会は多様化・柔軟化・弾力化？

👀「有田一寿さん、齋藤正さんをはじめとする第三部会は自由化論にどう対処したのか」、とのご質問ですが、我が国のこれまでの教育の発展の実績・成果、努力を評価する一方、今後の21世紀を見据えた発展のためには、画一的・横並びを超えて柔軟化・弾力化が必要、との認識でまとめていますね。これは、第三部会のメンバーが学校教育（初等中等教育）に携わっている現職の教員やこれまで中教審の委員に選任されていた人が多かったことが理由でしょう。「自由化」が無制限、基準をなくすと受け取られることのないようにするため、自由化に対しある種の制限的ニューアンスを込めて、個性の尊重・個性の重視という表現にこだわった、との見方もできますが、それだけではないでしょう。当時の米国・英国では後期中等教育が拡大・普及し、生徒の能力・適性、興味・関心、進路選択の幅が拡大してきていますから、それらに応えるためには、制度・施策や運用の柔軟化・弾力化が必要になり、そのためには、多様化・選択の拡大が必要でした。

👀「「自由化論」がプラスとして機能したこともあったのか」、とのお尋ねですが、当時の圧迫感、負の現象、弾力性の少なさなどから、そして第一部会だけでなく臨教審全体の雰囲気から、第三部会としても従来の延長だけでなく、何らかの対応が必要だったのでは。第三次答申の学校教育の現状の認識は、それ以前とは異なっているようですね。香山健一さんも、その表現の変化に気づいていたようです。"自由化"の提起がなくても、教育改革のために設けられた審議会ですから、第三部会としても当時のいろいろな課題を解決し、さらに今後の社会を展望すると、幅広い観点からの施策の検討が必要だったということでしょう。提言に結びついたものには、「学校体系にバイパスを設ける（中等教育学校、単位制高等学校（同一学校・同一課程を超える単位の累積加算制の導入）」（編者注：長く教育担当を務めた元共同通信社徳武靖氏が取材した佐野文一郎さんの見方については、監修木田宏『証言　戦後の文教政策』（453・454頁　第一法規 1987.8）を参照してください。）、「個別・具体の

学校の設置についての都道府県・市町村、学校法人の判断の尊重」、「一定の専修学校修了者に対する大学入学資格の付与」、「教員の資質向上策（初任者研修制度、特別免許状の創設、特別非常勤講師制度）」、「通学区域の弾力化」があります。特に、緊急的な提言の意義を有した第一次答申に第三部会関係が多いことからも、対応は必要だったといえるようです。

👀　第三部会（初等中等教育）の検討だけでありません。第四部会（高等教育）でも、「共通一次試験から私立大学を含めた大学入試センター試験への転換」、「正規の大学以外にも学位の付与を認める学位授与機構の設置」など柔軟化・弾力化が図られています。「ユニバーシテイ・カウンシル」の提唱もありました。

👀　臨教審の提言の改革性を積極的に解する立場ですね。臨教審の意義、提言の改革性については、今後、さらに多角的に検討されることを待ちたい、と思います。

👀　臨教審の答申とは結びつきませんが、公立大学が増加しています。地方交付税における積算もなされ、公設民営化の大学も誕生しています。木田宏さん（第一部会専門委員、元文部事務次官）は、大学の在り方について二つ述懐したことがあります。ひとつは、大学の在り方・大学自体が大学の研究対象になるとは思わなかった、もうひとつは、大学の設置がこんなに地方公共団体に拡大するとは思わなかった、です。初等中等教育、高等教育の施策も、変化していきます。それは充実だけでなく、18歳人口の急増急減、長期的な人口の減少のもとで、転換・縮小、劣化も含めてのことかもしれませんが。

第4　臨教審の組織と運営—その難しさは？

◇ ◇ ◇　臨教審答申の構造・答申への取り組み

👀　臨教審では、三年間の存置期間でその途中の審議経過・審議状況をどのように政府・国民に提起していくかについては、「中間まとめ・中間報告」ではなく、「逐次答申」の方式を採っています。これは、土光臨調と同じです。臨教審をとりまく当時の状況から緊急に対応すべき課題があり、三年も待つわけにはいかず、まとまった改革提言は早期に実現を図る、また、国民や世論に臨教審や教育改革に関心を保持してもらう、ということだったと思います。他方、教育改革や答申の全体構造、各次の答申間の関連が明確でないままでの逐次答申となると、問題も生じることになります。たとえば、第一次答申では「単位制高等学校」、「六年制中等学校」の創設を提言していますが、それは改革テーマである画一性の打破の突破口なのか、それとも審議で結論の出たものから早期実現を図る意味での突破口なのか、という問題意識があった、とのことです。それは以後の審議の進め方・まとめ方、答申の全体構造の見通しなどと密接に関連しますから、運営委員会で議論され、その結果、今次の教育改革の原則とのつながりを明確にして主要課題を書き、具体的課題に入ることが基本線になったということのようです。

👀　石川忠雄さん・瀬島龍三さんは、第一次答申の学校制度・学校種の二つの提案は画一性打破の突破口との見方だった、かもしれません。当時いわれていた「負の現象」対策との考えからかもしれません。これらの提案は、それら学校の設置者の判断による選択的な設置ということで、自由化論の強かった第一部会の委員からも反対はなかったようです。

👀　答申の用語・表現については、「選択」の語も含めてですが、具体性を欠き抽象的に過ぎると答申を受けた政府は実行しない、他方、提言が具体的過ぎると硬直的になり政府は対応に困る、とのことがありました。類型としては、一つは「完結性」の程度はありますが、完結的な提言、二つは方向性を示すもの、三つは見直し・検討する、です。三つめの類型は単に見直す・

第4　臨教審の組織と運営—その難しさは？

検討する、では政府はやらないので、こうした表現の場合にはその原則を
はっきりさせ、課題ごとに落としどころをはっきりさせる、ということだっ
たようです。四次にわたる答申では、それでどこまで整理されているのか分
かりませんが。

◇　◇　◇　**答申への対処のしかた（第三部会・第四部会）**

👀　答申への取り組み・対処のしかたは、初等中等教育と高等教育では大き
く異なっているのでは？　第三部会の提言には施策に「具体性」があります。自民党文教部会や中等教育の学校長など実務・実践の経験が豊かな有田
一寿さんが部会長だったからでしょう。有田部会長は、臨教審の存置中は臨
教審に専念でした。齋藤正部会長代理は、初等中等教育についての勉強会を
設けていたようです。

👀　高等教育の第四部会は、飯島宗一先生が部会長でした。高等教育分野の
大ベテランで、広島大学での総合学部の創設をはじめ大学改革の実績にも素
晴らしいがありました。臨教審は、欧米の状況、特に高等教育の財政につい
ては委託研究も行っています。飯島部会長は、高等教育に関する課題の大き
さ・複雑さ、その審議を担当する第四部会の委員・専門委員の構成、審議を
支える事務局の組織、審議期間などから、提言を具体的にまとめることには
"慎重"になった、と思います。そうしたことから、「ユニバーシティ・カウ
ンシル」の設置を提言し、具体的な施策の検討は「ユニバーシティ・カウン
シル」に委ねることにしたように思います。臨教審当時、飯島先生は名古屋
大学長でしたから、時間的制約もあったかもしれません。ユニバーシティ・
カウンシルの源流は英国で、"独立性のある行政機関"です。臨教審の答申
後、昭和62年9月に文部省に「大学審議会」が設けられました。「大学審議
会」は、法制上やむを得なかった点がありますが、答申からは変質していま
す。後ほど話題になると思いますが、「アームズ・レングス」や「ユニバー
シティ・カウンシル」の考え方には留意していただきたい、と思います。

👀　大学審議会の会長には、臨教審で会長代理を務めた石川忠雄先生が就任
しています。大学審議会は、精力的に審議しました。平成13年1月に、政府
全体を通じての審議会整理の方針により大学審議会は廃止されましたが、廃

63

止までに28の答申・報告を出しています。大学審議会の廃止後、その機能は中教審に引き継がれました。（編者注：臨教審で"大学の公社化"が進まなかったことについては、第4部会に所属した瀬島龍三さんが『瀬島龍三回想録　幾山河』で記しています。国立大学については国立大学法人法（平成15年法律第112号）の、公立大学については地方独立行政法人法（平成15年法律第118号）の成立を待つことになります。小泉純一郎内閣で、です）。

👀　確かに、第三部会（初等中等教育）と第四部会（高等教育）は答申への向き方・提言のしかたなどスタイルが異なる、と思います。第二部会の生涯学習の提言は、優れたアイディアを出していますが、行財政的な施策の具体性には欠けるかもしれません。昭和56年の中教審答申「生涯教育について」が下敷きになったようにも思います。この56年の答申は、その後どのように実現され評価されたのか分かりませんが、文部省以外の官庁が深く関わるのはこの生涯学習の分野だと思いますが、労働省・厚生省・総理府・警察庁・農水省などが関わる施策の具体的な提言はなかったようです。人事院向きのものは、その中立性の観点から難しいのかもしれませんが。

◇ ◇ ◇　臨教審の委員・専門委員の選任と構成

👀　臨教審の発足時に、中曽根康弘首相、森喜朗文部大臣は中曽根さん直筆の「臨時教育審議会」の看板かけを行っています、岡本道雄会長もご一緒です。森大臣の教育改革に対する情熱・意欲については、森喜朗著・聞き手田原総一朗さんの前掲書をご覧ください。文部省の初等中等教育局長・文部事務次官を歴任した高石邦男さんの後年の"聞き書き"を読みますと、臨教審の委員・専門委員に対してある種の反発があったかもしれません。"臨教審委員を超える"教育課程審議会委員の選任の意図については、別の見方があるかもしれませんが。

👀　審議会の委員・専門委員の構成・人数・選任は、答申・提言の内容を決定的に左右します。審議の方法・運営・議決の方法もそうです。次に、臨教審の委員・専門委員の数、選任・構成の観点から、臨教審答申が改革性に乏しい（？）理由を見てみましょう。

　何らかの改革、それが現状を大きく変えるものであればあるほど、各分野

第4　臨教審の組織と運営─その難しさは？

から多くの委員・専門委員を選任することは、不適切かもしれません。改革の必要性・理念について、足並みが乱れ利害対立の可能性が高くなるからです。そうした審議会の提言は、中道の凡庸な施策、曖昧、問題の先送り、それらに近いものになる傾向があります。逆にいえば、改革に反対する側は、戦術としてこれを利用する場合があるかもしれません。臨教審の委員は25人で、委員は総会を構成し各部会に分属です。専門委員は20人で、部会・分科会に分属し、総会には出席できませんでした。部会は委員と専門委員で構成され、両者は対等の立場で審議に参加しました。専門委員は時期的には委員より遅れて選任されましたが、部会における審議の主導性という点では専門委員の選任は重要でした。臨教審では、審議テーマによる専門委員の入れ替えはなく、専門性の有無にかかわらず部会での審議テーマ全部に関わりました。臨教審の専門委員の人選でも官邸サイドと文部省・自民党文教族で綱引きがあったといわれますが、臨教審の実際の部会運営・提言案作成の主導性の観点からは、さほどの相違はなかったようです。

　　土光臨調の場合には、委員の数が少なく、委員は専門部会には加わっていませんでした。土光臨調の運営が円滑に進んだのは、改革目標が明確で委員の人数が少なく、改革方向を同じくするひとが選任されたからでしょう。これは、小泉内閣の構造改革の司令塔「経済財政諮問会議」にも当てはまります。臨教審では専門委員が総会のメンバーになったならば、委員と専門委員を分ける必要がなく、また、25人の委員の発言権は相対的に弱くなったでしょう。臨教審は昭和60年1月には逐次答申の方針を決定し、それに基づき審議日程を決めましたから、教育や教育改革の「理念」を充分に議論する時間がなかったかもしれません。また、審議時間を充分に確保できたところで、委員・専門委員の考えが多岐にわたっていましたから、理念の一致は困難だったでしょう。多数の委員・専門委員がその見解を異にするとき、それをまとめようとすれば、改革性が稀薄になることは避けられないでしょう。岡本会長は、委員・専門委員の多様性や審議日程の制約など、難しい状況のなかでその職責の遂行を求められた、といえます。

　土光臨調では、運営委員会が全体の方向・方針をリードし、それに基づいて全体的に動いていくということでしたが、臨教審の場合には弱かったよう

です。

👀　次に、臨教審の委員・専門委員の経歴を見ることにしましょう。岡本道雄会長・飯島宗一第四部会長は、旧帝国大学を前身とする国立大学の元学長・現学長でした。齋藤正第三部会長代理、木田宏第一部会専門委員は元文部事務次官、石野清治専門委員は元厚生事務次官でした。それまで中教審などで主要な役割を果たしてきた方も委員・専門委員に選任されました。第三部会の岡野俊一郎委員、河野重男専門委員がそうでした（河野専門委員はお茶の水女子大学教授でした）。大沼淳さん、戸張敦雄さん、下河原五郎さんは、関係団体の役職との関わりで選ばれたようです。こうしたとき、その経歴・実績を否定・低下せしめる内容や方向転換を求める提言を盛り込むことは難しいかもしれません。かつての役職・地位が高ければ高いほど、そうかもしれません。また、委員・専門委員は、出身母体・組織、関係団体の意向を無視することはできないでしょうし、そうした母体・組織は、身内からの選任を画策したかもしれません。こうしてみたとき、たとえば、幼稚園・保育所の一元化、教育内容の在り方などがある限られた範囲内での提言となることは、避け難いことだったかもしれません。

👀　第13期中教審は、昭和58年11月に「教育内容等小委員会の審議経過報告」をまとめています（教育改革が話題になるようになり、急遽まとめたのかもしれません）。臨教審の提言は、かなり共通することになります。この「審議経過報告」の作成には齋藤正第三部会長代理、河野重男専門委員が参加していましたから、それは在り得ることでしょう。教科書制度の改革については、教科書制度のしくみづくりやその運用に関わりのあった齋藤正委員、木田専門委員が現行しくみの延長で提言を探ることは、ある意味では当然でしょう。幼稚園・保育所の一元化問題では、齋藤正委員はかつて「幼稚園及び保育所に関する懇談会」にメンバーとして参画し、石野清治専門委員（第三部会所属）は厚生省児童家庭局長としてそのとりまとめに当たりました（編者注：自民党社会部会の議員や保育所関係者は、幼保一元化に反対でした）。他の委員・専門委員のこの方面での"専門性"は両氏ほどではなく、その説明を聞いても教えを請うかたちになるでしょうから、第三部会の結論がその懇談会と同方向になることは予想されたことです。上記の委員・専門委員が

第4 臨教審の組織と運営―その難しさは？

出身官庁の考えを代弁したというのではなく、そうした施策に関わっていたときも、臨教審の委員・専門委員のときも、それをとりまく状況に大きな変化がなければ、その施策が適切と考えるでしょうから。

◇ ◇ ◇ 　専門委員の専門とは？

👀 「臨時教育審議会設置法」では「委員は、人格識見ともに優れた者のうちから、文部大臣の意見を聴いて、内閣総理大臣が任命する。 内閣総理大臣は、前項の委員を任命しようとするときは、両議院の同意を得なければならない」（第5条）、となっていました。専門委員は、「審議会に、専門の事項を調査審議させるため、専門委員を置くことができる。専門委員は、学識経験のある者のうちから、文部大臣の意見を聴いて、内閣総理大臣が任命する。専門委員は、当該専門の事項に関する調査審議が終了したときは、解任されるものとする」（第6条）、とされていました。専門委員の選任は森喜朗さんの文相在任中ではなく、その後任の松永光さんが文部大臣のときです。専門委員の選任の基準・解任の基準は、不明でした。専門委員の「専門」がはっきりしていませんでした。委員として選任できなかった者を救済した、との説もありました。同じ文部事務次官経験者でも、齋藤正さんは第三部会の委員、木田宏さんは第一部会の専門委員でした。小学校教諭の溜昭代氏、中学校長の戸張正雄氏は委員、高等学校長の下河原五郎氏は専門委員でした。マスコミ関係者でも内田健三さんは委員、俵孝太郎・屋山太郎・黒羽亮一さんは専門委員でした。部会では、専門委員は「専門」以外と思われる事項についても審議に参加し、議決に参加できました。専門領域では素晴しくとも、部会などの審議事項は広範囲ですから、カバーしきれない事項、すき間も生じます。これは、多かれ少なかれ、委員にも当てはまりました。任期途中で自己都合により辞任した齋藤斗志二委員、大沼淳専門委員のどちらにも後任の選任はありませんでした。任期途中で、解任された専門委員もおりませんでした。

👀 専門委員は、部会のスタート後に選任されています。各部会で予想される審議事項から委員・官邸・文部省や関係省庁から推薦があった、と思われます。石野清治専門委員や河野重男専門委員は推測が容易ですが、マスコミ

67

関係の専門委員の所属は分かれています。専門委員になった元文部事務次官の木田宏さんは第一部会という場、教育委員会の活性化というテーマでどのようなことが期待されたのか？　その経歴からすると専門委員として第一部会に所属するよりも総会でヒアリングし活性化の問題点および検討課題を整理することの方がよかったかもしれません。これは、幼保一元化についての石野清治さんについてもそうです。専門委員として選任されいきなり部会での審議となるとその専門委員と他の委員・専門委員との間で情報量などに開きがあり過ぎて藤波官房長官のいう国民的視点からの審議という意図にそぐわないからです。大沼淳専門委員については、〈資料10〉にありますが、それがどういう意図であったのかは分かりません。大沼さんは、全国専修学校各種学校総連合会の会長でした。所属は第三部会で落ち着いていますが、本人は技術教育の振興に関心があり第四部会を望んだかもしれません。

👀　藤波孝生官房長官は、昭和59年9月18日の参議院決算委員会で前述（「第1　臨時教育審議会―回顧と土光臨調との対照」10頁）のように答えています。この答弁は、臨教審を総理府に設けた理由および教育学者を委員に選任しなかった理由でもあります。当時の学校の抱える問題、そして、まもなく到来する新しい世紀の教育の目標・具体的施策をそれまでの経緯と実績とは距離を置き、新たな観点から全国民的に検討することが求められた、ということです。この観点からみたとき、臨教審の実際の委員・専門委員の構成・役割分担は、藤波官房長官の意図とは異なり、うまく機能しなかったといえるかもしれません。藤波さんのお考えは、森喜朗さん（当時の文部大臣）の理解とは、異なります。森さんは、『日本政治のウラのウラ　証言・政界50年』において中曽根首相は戦前の教育に戻すこと……、と述べていますが、これは、森さんの推測と思われます（中曽根首相の「七つの構想」との関わり、中曽根メモの牛尾治朗氏などはそれを実現するための委員とでもお考えだったのか、中曽根元首相の森さんの前掲書の見方に対する反応は、不明です）。

👀　首相官邸と自民党文教族・文部省の間には、教育改革の審議の組織、教育改革の考え方・進め方に大きなちがいがあったわけですから、委員・専門委員の選考についてもちがいがあったでしょう。「資料10」を見ていただきましょうか。

第4　臨教審の組織と運営―その難しさは？

👀　臨教審の委員・専門委員の選任をめぐっては、官邸サイドと自民党文教族・文部省との間に綱引きがあった、といわれました。おそらく、そうでしょう。そう考える理由は、香山健一・中内功・山本七平・俵孝太郎・屋山太郎・公文俊平・渡部昇一の各氏などいわゆる自由化色の強い方が選任されている一方、元文部事務次官の二人の方が選任され、校長会を基盤とする委員がおり、また第13期中央教育審議会の委員が選任されるなど、考え方の点で異なる方々が選任されていますから。しかし、全体としては、教育関係者による教育の論理による教育改革の様相を見せることになりました。土光臨調のときとは、異なります。繰り返しになりますが、臨教審の議決は総会主義で委員の3/4以上の多数ですから、その結論はどうしても当たり障りのない中庸、つまり現状維持ないし緩やかな改善策しか出てこないようになります。これは、言い過ぎましたか？

👀　臨教審の委員・専門委員の選考は、時期的にも臨教審の具体的課題がはっきりしていないときになされていますから、問題があったといえます。答弁で知る限り、藤波官房長官のお考えは成功したとはいえないでしょう。会長・会長代理、委員・専門委員の間で、教育・教育改革に関する意欲・情熱、知識・専門性、論理の展開力が異なり過ぎていました。また、これまでの方向とは異質のいわゆる「暴れ馬」は、ごく少数でした。委員・専門委員の選任には、文部大臣（文部省）の意向が強く反映されたのでは？

〈資料10　臨教審委員・専門委員の選考と中曽根メモ（森喜朗著・聞き手田原総一朗『日本政治のウラのウラ　証言・政界50年』（175～179頁　講談社 2013.12）から〉

（田原総一朗氏）「（中曽根さんは）臨教審だけはうまくいかなかった。これはなぜ、うまくいかなかったのですか。」（森喜朗氏）「自民党も必ずしも積極的ではなかったんです。まず、臨教審の会長を誰にするかで大揉めに揉めました。」「（岡本道雄会長は文部省の意向がかなり強かった）しかし、中曽根さんの意向も聞かなちゃならんというので、中山素平さんと、石川忠雄の二人を会長代理にしたんです。……中曽根さんは瀬島さんかそっぺいさん（中山素平氏）と思っていたんです。でも、瀬島さんは他にも会長をやっていたんです。……ぼく（森文部

大臣）はそっぺいさんのところに頼みに行きましたが、「森さん、この年寄りを
こんな騒ぎのなかに入れないでくれよ。中曽根くんはああいうことをいうけど、
僕はやる気ないよ」 とすげなく断られたんです。財界人や評論家、文化人を頭
に据えると官僚が抵抗するから、文部省サイドに立つ学者を持ってくるのがいい
というのが、そっぺいさんのアドバイスでした。岡本さんを会長に持っていった
のは、なかなかの学者で、総長だけど毅然とした方だったからです。中曽根さん
も嫌いじゃなかったと思いますよ。ただ、文部省サイドに立ったことは間違いな
いですね。」「文部大臣の時、ぼくが中曽根総理のところに行ったら、メモをく
れたんですよ。名前がいっぱい書いてあった。そして、「森君。この人たちを委
員に入れてくれよ。文部省の言いなりになっちゃダメだ」と言われました。そこ
に書かれていたメンバーは、ウシオ電機の牛尾治朗、劇団四季の創設者で芸術総
監督の浅利慶太、富士ゼロックス社長の小林陽太郎ら、中曽根さんのとり巻き連
中です。「飯島さん（政治評論家飯島清氏）は入っていた」。それから、リクルー
ト創業者の江副浩正さんも入っていた。ぼくは直感的に「これは軽はずみで入れ
たらいかんな」と本気で思ったんです。ぼくは江副さんとは個人的に親しかった
けど、外しました。それから、牛尾さんら何人かを外したんです。……」「そう
なると、中曽根サイドと文部省の相克、闘いですよ。臨教審のスタート時に、浅
利さんと文化服装学院の大沼淳さんら三人が文部大臣室にやって来て、ぼくをこ
き下ろしたんですよ。「メンバーの選び方が悪い。こんな人選でなにができるん
だ」とワーワーまくし立ててね。ぼくは黙って聞いていたんですが、あんまりし
つこいから怒ったんですよ。……「中曽根さんが『そう言って来い』といったん
ですか」 そうじゃないといっていたけど、そうなんだよ。」……こっちは中曽根
総理をはじめ、浅利さんたちや坂田学校の面々や文部省や、すべてのことを考え
ながらやっているのにひどいじゃないかという気持ちがあったんですけど、ぼく
怒ったので出て行ったので、それで終わりにしました。浅利さんたちとは今でも
親しくしていますよ。」

👀 　上記の中曽根首相メモの委員候補者、特に経済界の人は、Leadershipの
あるSolution oriented、Achievement basedの方々と見受けられました。藤
波官房長官のお考えは、専門委員の役割はこうしたひとを特定の分野で技術
的・専門的にサポートするとのことだったと思います。この辺りまでは、土
光臨調のメンバー構成の考え方と似ているように思います。しかし、臨教審

第4　臨教審の組織と運営─その難しさは？

は教育改革の審議会ですから、その性格上、学校教育の関係者、そのほか幅広い分野から選ぶことになると思います。これは、教育全般にわたる改革の審議会の特性からくることでしょう。行政改革と異なる点でしょう。

◇　◇　◇　　**専門委員の意見の反映は？**

👀　「臨教審の専門委員は部会・分科会にのみ所属し総会には出席できなかったので専門委員は所属の部会・分科会以外には発言の機会はありませんでした、専門委員の意見は所属部会以外のひとや臨教審の会長、会長代理にはどのように反映されたのか」、とのご質問ですが、運営委員会メンバーと専門委員との懇談がありました。岡本道雄会長も出席しています。専門委員と運営委員会との懇談会では、専門委員からは、所属部会の審議事項を超えて広くかなり基本的なことまで出ていたようです。昭和61年5月14日に開催された専門委員と運営委員会との懇談では、第三次答申についても話題になったようです。第三次答申のキー・コンセプトは二つくらいにする、生涯学習の観点から各部会を超えて評価のあり方を検討する、障害児教育・幼児教育は社会的公正が重要だ、政府は何をするのかを発信せよ・Encourageすることを提言せよ（Encourageの内容、その相手方、どなたの発言か不明ですが）、政府でないと実現できないことを答申すべき、秋季入学制を強く希望する、秋季入学は費用が掛らなく効果が大である、公務員試験・司法試験など資格試験のあり方を検討せよ（国際的観点からみると、大学の学部卒レベルが上級・アドバンスというのはおかしい）、などです。（編者注：資格試験のレベルアップ化は司法試験の「法科大学院」制度の導入は成功だったのかどうか分かりませんが、木田宏専門委員（元文部事務次官）はその検討に加わっていました。）

👀　戦略・戦術に関する意見としては、重点化・重点志向すべきもの、具体性・波及効果の大きいもの、長期的なものを答申すべし、現状処理の類いは不要との意見もあったようです。具体的な施策に関しては、大学入学「資格」の年齢制限は取り払う、共通一次試験については国語・数学を年3回ほど実施しそれ以外の教科等は大学が工夫する、ものの見方・考える力を見るようにする、英語などは民間の試験の活用でよい・hearingやspeakingがな

71

いのはおかしい、との意見がありました。大学受験資格については高等専修学校修了者を高校卒業者と同等にしないと技能教育が育たない、「自然学習」・「勤労体験学習」は明るく前向きに書いてほしい、などの意見もあったようです。いろいろな意見が出たようですが、専門委員の意見は臨教審全体としては深まらなかったようです。

◇ ◇ ◇　**臨教審の委員の素顔**

👀「臨教審の委員についてはどんな印象を持っているか」、とのことですが、限られたことからの大雑把な印象に過ぎません。そのことを、まず、お断りします。

　岡本道雄会長は会長にふさわしく、判断すべきときには決断していました。大学紛争時の医学系学長の特徴でしょうか？　会議中は、あの大きな顔・大きな目で中空をじっと見て委員の意見を聞いていました。「あれでは、委員は発言するのに勇気が必要です」　岡本会長「いや、あれは目を開けて、寝ているんだよ」「会長は、器用ですね」。外国調査のときですが、岡本会長は、会合・行事が済むと、歩きながらぶつぶつ言っていたそうです。「会長、老人性独り言ですか？」　岡本会長「スケジュールが混んでいると、あとからどの会合での話しだったのか分からなくなることがあるので、会議・行事が終わると、歩きながらその話し合いの内容や考えたこと、そのときの印象などをすぐにカゼット・レコーダーに吹き込むようにしているんだよ。後で整理するつもりで……」、と言っていました。やはり、すごい人でした。最近もアメリカのハイスクールで銃乱射・殺傷事件がありましたが、訪米時、ハイスクールの生徒が大勢いるところで腰にピストルを着けている警察官を見て絶句し、「ウーン」と唸っていました（これが教育の場なの？　との意味でしょうか？）。臨教審以外でのことですが、アルコールが入ると愉快で楽しい人だったようですね。岡本道雄著『立派な日本人をどう育てるか』（PHP研究所　2001.10）は、臨教審から十五年を経て著されたものですが、会長の教育改革にかけた熱き思いが脈打っています。

👀　会長代理だった中山素平さんについては、城山三郎『運を天に任すなんて　素描・中山素平』（光文社　1997.5）、高杉良『勁草の人　戦後日本を築

いた財界人』・『小説　日本興業銀行』に詳しいです。国際大学（新潟県大和町）の理事長だった鞍馬天狗の中山素平さんが会長職の就任をご辞退したのは、森喜朗さんの仰るとおりでしょう。『運を天に任すなんて　素描・中山素平』では、会長辞退・福岡での公聴会・幼保一元化・企業の就職協定に触れています（157～160頁）。そのなかで、幼保一元化は文教族などの議員が反対とありますが、"文教族の反対"は城山さんの勘違いでしょう（編者注：河野洋平「幼保一元化で夜まで論争」「政治家　橋本龍太郎」編集委員会『61人が書き残す　政治家 橋本龍太郎』（21頁　文芸春秋企画出版部 2015.5）、渡部恒三厚生大臣の国会答弁を参照願います）。前田裕之『ドキュメント　銀行　金融再編の20年史―1995-2015』（140頁　ディスカヴァー・トゥエンティワン　2015.12）は、中山素平さんと城山三郎さんのインタビューの一部を掲載しています。その中に"教育臨調"を引き合いにしている部分があります。

　　中山「今度の教育臨調でもそうですけれども、大きな仕事をしていくという時に、独り相撲を取らないで、いろいろなそれぞれの部門について協力する方々を味方に付けながら、あるいは協力を受けながら進む。そうすれば仕事はできるわけですね。」（140頁）。

　この部分は、城山三郎『静かなタフネス10の人生』（103頁　文春文庫 1990.6）です。初出は『聞き書き　静かなタフネス10の人生』文藝春秋 1986.6）からの引用です。城山さんは、『運を天に任すなんて　素描・中山素平』において中山さんのモットー（？）として「一人が動かなければ、事は始まらないが、同時に、一人だけでは事は成らない。」（72頁）とも紹介しています。

👀　会長代理の石川忠雄さんの『禍福こもごもの人生』（慶応義塾大学出版会 2004.3）は、ご自身の履歴書です。その中で、臨教審についても触れているところがあります。先生は、臨教審では特に各部会間の調整などで大きな役割を果たしました。教科書問題での第一部会と第三部会の調整については「第7　第一部会と第三部会の対立？」で紹介します。

👀　瀬島龍三さんは、後年、自叙伝『瀬島龍三回想録　幾山河』（産経新聞ニュース社 1995.9）を刊行しています。瀬島さんには土光臨調での実績がありました。中曽根首相の信頼は厚かった、と思います。カリスマ性があり、

その発言には委員がじっと耳をかたむけていたそうです。山崎豊子『不毛地帯』の壱岐正は、瀬島さんがモデルといわれています。小説『不毛地帯』では、壱岐正は奥さんを交通事故で亡くしますが、瀬島さんはそれは事実とちがうよ、と笑っていたとか。

👀 天谷直弘さんは、経済産業などの立場からだけでなく、広く教育を考えていました。当時のアメリカは経済停滞と中等教育が課題になっていましたが、そういうことでなくても、国際化・情報化、生涯学習社会化の観点から適切な人選だった、と思います。

　香山健一さんは、臨教審の期間中、本当に全力疾走でした。この点は、第三部会長の有田一寿さんや同部会長代理の齋藤正さんと同じです。中曽根首相は、大平正芳首相の"田園都市構想"のブレーンを引き継いだといわれますが、ご自身は中曽根首相のブレーン説をはっきりと「違います。」といっていました。香山さんについて、ここで紹介すべきは『文藝春秋』1975年2月特別号「グループ一九八四年」執筆の「日本の自殺」でしょう。このグループのうち、香山さんと公文俊平さんが臨教審の委員・専門委員に選任されています。臨教審第四次答申の文部省の「政策官庁としての機能の強化」の提言は、香山さんのお考えがあったのかもしれません。香山さんの臨教審での発言のバックグラウンドは、その論文、臨教審に提出したペーパー、先に紹介した『自由のための教育改革　画一主義から多様性の選択』に示されています。岡本会長は、「香山先生の書かれたものは激越ですが、口頭での発言・説明はマイルドですね。」、と茶化していましたが。　香山先生の「逆境こそ、最良の教育」は、学習院大学では学生に広く知られている、と聞いたことがあります。

　文部省の審議会あるいは従来の思考方式とは異なる発想・意見を展開した天谷直弘さん、香山健一さんの早世は、惜しまれます。

👀 有田一寿さんは、幼少のころ、ご両親を亡くされました。小倉師範学校・旧制福岡高校を経て大学に進み、中等教育の学校や西日本工業大学の運営、社会教育の分野、経済界と幅広いご活躍でした。教育改革への取り組みについては，『あすに芽ぐむもの』（第一法規　1985.6）その他で記しています。また、小説『青春火山』（集英社　1978.9）を刊行しています。五木寛之

74

さんとの交流もあったようです。多分野・異色の人でした。昭和49年7月の参議院選に福岡から出馬・当選しました。岩見隆夫『政治家』（毎日新聞社 2010.5）をよると、選挙のときの田中角栄さんの応援に感動したことが記されています。有田さんは、臨教審中、奥さんが重い病気だったにもかかわらず、会議を欠席したのはお通夜の日だけでした。第三部会では、委員・専門委員間の「情報格差」を防ぐため、毎回、時間をかけて丁寧に説明していたそうです。建設省からは臨教審の事務担当者に「建設界にもこのような文化人がいるということで、有田さんの紹介のときには「若築建設会長」を入れてほしい」、との話しがあったとか。

　齋藤正さん（第三部会長代理）は、精力的な活動でした。第三部会の委員・専門委員の構成から分かるかと思いますが、第三部会で改革の方向・具体策を検討するのは難しく、それだけに齋藤さんの責任は重大でした。文部事務次官を辞職して15年ほど経っていました。文部省側のからのサポートは、ほとんどなかったようです。なお、「第7　審議の補完―ウラ第三部会？　教育問題懇話会」を参照願います。

👀　ここでの紹介は、紙数の関係から以上で止めます。限られた方のみですが、会長・会長代理・委員さんの素顔の一面はいかがでしたでしょうか。内容も含めて失礼の段、ご容赦願います。

第5　文部省の臨教審対応と臨教審事務局の編成

◇ ◇ ◇　文部省の臨教審についての受け止め方

👀　「中曽根康弘首相サイドから教育改革は中教審ではなく内閣に臨教審を設置してとの意向が伝えられたとき（編者注：それまでの"教育改革は中教審で"との意向は、昭和59年1月に変わったようです）、文部省はその変更の意図、教育改革の趣旨・内容・方法が分からなかったようです。第二次臨調のときには、土光敏夫さんが会長就任に際し実施すべき行財政改革の事項を示しています。藤波孝生官房長官は坂田学校の生徒さんで、自民党文教部会長の経験者でした。藤波さん自身のお考え、そして文部省の藤波官房長官に対するアプローチはどうだったのか」、とのことですが、外部に明白になっているのは、国会答弁程度です。

👀　中曽根首相の私的懇談会「文化と教育に関する懇談会」の発足は、昭和58年6月です。二十一世紀の教育展望のほか、教育の荒廃が指摘される状況、行き過ぎた画一性の是正、自由化の拡大、戦後教育の多角的・多面的な点検・評価ということがありました。それにより、かつ、土光臨調の後ですから、それまでの教育行政の方向が転換されるのではないかとの懸念があり、さらにその委員にはどのような人が選ばれるのか分からず、文部省には相当の困惑があったかもしれません。官邸サイドにも未定の部分がありました。森喜朗文部大臣と藤波さんの意見交換、摺り合せは、森喜朗著・聞き手田原総一朗『日本政治のウラのウラ　証言・政界50年』（講談社　2013.12）の森さんの話しからすると、なかったということでしょうか。森さんは、かつて自民党文教部会長のポストを藤波さんから引き継いでいますが。

👀　森さんは坂田学校云々と話していますが、前述しましたように、自民党文教族は臨教審の設置のころは、すでに坂田学校のかつての生徒さんは分散し、また他の要職に就いていました。坂田道太校長先生も、自民党の長老格になっていました（平成2年には政界引退です。引退後は熊本県在住です。森さんは、存命中の坂田校長先生を故人扱いしたことがあります。単なるケアレス・

ミスのようでしたが）。かつてのような状況ではありません。教育改革や臨教審について、坂田さんの考えを示す資料はないようです。土光臨調では、自民党議員が積極的でした。橋本龍太郎さんはその代表格でしたが。

◇ ◇ ◇ **"臨教審事務局を文部省の影響下に置いたのは失敗"（中曽根元首相）**

👀 「中曽根元首相は、後年、臨教審の失敗として事務局組織を文部省の影響下に置いたことを挙げています、臨教審事務局の組織編成は実際にはどうだったのか」、とのご質問ですが、臨教審の事務局長は文部事務次官の併任でした。事務局の次長、首席調査員、総務課長は総理府事務官ですが、文部省からの出向者でした。臨教審の解散後には、文部省に復帰しています。首席調査員のもとの主任調査員は文部省出身が三人、大蔵省出身が一人でした。臨教審事務局の人事権は出身官庁にありましたから、人事管理の面からは改革される側と改革を求められる側とが同一ということで、しかも、改革される側が持つということでした。主任調査員は課長職の直前のポスト（企画官）から発令されました。文部省の臨教審対応の窓口は課長でしたから、先輩になります。第三部会（初等中等教育担当）を例にしますと、政策課（大臣官房）・高等学校課（初等中等教育局）・財務課（教育助成局）の課長でした（局の筆頭課（連絡課）の課長です）。実際の連絡の窓口はそれより下のレベルでしょうが、「年次管理」を人事管理の基本とする官僚機構では、先輩の意向を覆して提言をまとめるには相当の「勇気」が必要だったでしょう。さらに、連絡課長の上は、審議官や局長です。委員が主導する改革提言で論理構成、それを支える実証性・事実の裏づけがない限り、かつ、臨教審では総会で委員の3/4以上の同意を得ることが必要でしたから、臨教審の答申は改革性の低いものになる可能性は多分にありました。臨教審の提言にフレームワークの変更を求めるものが少なく、従来の施策の確認やそのいっそうの発展・充実を求めるものが多いのは、事務局の組織編成・人事管理からもあり得ることだったでしょう。文部省、それと一体的な自民党文教族も守勢・現状維持ですから、臨教審の事務局にもそれが反映したというべきかもしれません。

👀 検討課題が多く多岐にわたった臨教審の設置期間が三年間と比較的に短

期間であったこと（土光臨調は二年間の設置で、昭和56年3月16日設置、昭和58年3月14日が最終答申ですから、それに比べると長いですが）、部会等の審議を支える事務方が人数的にあるいはそれまでの経歴からも充分とはいえず、準備不足であったことも理由として挙げられるでしょう。

👀　土光臨調もそうですが、臨教審も会議が多くありました（土光臨調と比べると、かなり少ないですが）。部会担当者には、配属の部会・分科会・プロジェクトチームの会合、総会・臨教審の公聴会があり、それらと関連し他部会や分科会などのフォローがありました。その組織・編成は、文部省以外の省庁出身者も含め四人ほどの寄せ集めで、必ずしもその分野に精通していたわけでありません。したがって、審議ないし改革課題の現状やそうした問題の経緯の把握・資料の収集、ヒアリングの人選などで、少なからず文部省など改革される側に頼らざるを得ない事情があったかもしれません。文部大臣の諮問機関の中教審が名称を変えて内閣に置かれたのと実質的には変わらなかった、といえるかもしれません。特に、部会が主体で具体的な提言作成の段階になると、その内容を大きく左右する可能性がありました。提言が文部大臣の諮問機関レベルで小粒となった主因かもしれません。文部省にとっては、臨教審はそれを利用してそれまで他省庁との折衝で突破できなかった施策の実現、たとえば義務教育教科書の無償措置のようにそれまでの施策を継続確認する意味があったともいえます。しかし、文部省はこうした観点からの働きかけにも消極的だったようですね。

👀　臨教審の答申をみると、改革の基本方針として生涯学習社会の構築、変化への対応として情報化・国際化への対応がありますが、各省庁横断的なテーマや政府が一体として取り上げるべきことがらは少ないようです。この点で、内閣総理大臣の諮問機関としての意義が少ないといえます。第一部会「21世紀を展望した教育の在り方」は別にして、第二部会「社会の教育諸機能の活性化」、第三部会「初等中等教育の改革」、第四部会「高等教育の改革」と、臨教審の基本的な審議組織である部会構成を文部省の組織に対応するかたちとしたことには長所と短所があったかもしれません。また、第四部会を除き、主任調査員が「教育系」だったことも、文部省流の教育を超え横断的な発想を少なくした理由かもしれません。中曽根首相がいうように、事

務局を実質的に文部省としたことが問題ですが、「教育」改革がテーマですから、土光臨調のように行政管理庁を主体とすることもできなかったでしょう。

◇ ◇ ◇ **文部事務次官の臨教審事務局長併任**

👀「臨教審の事務局長を文部事務次官の「併任」としたことはどうでしょうか、事務局長は臨教審の運営・審議の展開と深く関わる補佐役ですが。臨教審のスタート（昭和59年8月）から序盤は、佐野文一郎さんでした。文化庁長官が文部事務次官に就任すること自体が異例だったのでは？」、とのご質問ですが、次のようなことだったのではないかと憶測するひとがいました。憶測です。

　昭和58年6月に、中曽根首相の「文化と教育に関する懇談会」が設けられました。教育改革は文部省の考えだけではなく、官邸サイドの意向を考慮することが求められる状況になりました。こうしたなかで、文部省の組織体制・教育改革の事務局組織をどうするか、事務方のトップを誰にするかなどで、文部事務次官OBなどから意見が出たようです。当時の文部事務次官三角哲生さんは就任して一年ですから、通常なら留任でしょう。しかし、三角さんは、「教科書問題」や土光臨調への対応などで苦労していました。また、第14期中教審には学制改革を含む重要課題が予想されていました。これに当たるには佐野文一郎文化庁長官をトップにして新体制で臨んだらどうか、ということになったようです。文部省がこの大変なときに、これに対応できるのは佐野だろう、これが事務次官経験者などの意見だったようです。佐野さんは、通常、次官ルートといわれる官房の総務課長・会計課長の経験はありません。珍しい経歴のひとです。佐野君のような人材が毎年一人ずつでも入省してくれれば、……といわれたひとです。佐野さんの前任の文化庁長官は、退任あいさつで「（後任の佐野さんを）望み得る最高のひと」、と述べたとのことです。佐野さん自身は地位にこだわるようなことはなく、「文化庁長官は、最終ポストでなければ。文化庁長官のあとに文部事務次官になると、文化庁の存在が軽くなる」との考えだったようです。それまでも、文化庁長官経験者が文部事務次官に就いたことはありません。

👀　佐野さんには、行政、教育・芸術文化についてのフィロソフィーがあったようですね。佐野さんは、そのポスト、ポストで職務に真正面から取り組み、全力投球だったようです。回顧録などは残していません。佐野さんについては、"黙して語らず、沈黙のキーパーソンだよ"、といった人がいるそうです。ですから、佐野さんに関する資料や素材はほとんどありません。ここでの説明は、憶測・推測だと思ってください。佐野さんは、明治32年制定以来の大改正だった著作権法の改正（昭和45年）、中教審の46答申のまとめ、大学紛争激動期の高等教育施策の企画・実施（大学運営に関する臨時措置法の施行はじめ大学紛争への対処、高等教育計画の策定など高等教育分野での46答申の具体化）に関わっています。異なるアイデァにも寛容で他人の考えには耳を傾ける、冷静沈着、洞察のひとだったようです。公平無私で、静かに支え、また、文部省の一体感を大事にし、公私ともに清潔だったようです。土光臨調の改革に対応した者のなかには、あの情報、洞察・構想、判断力はどうしたら得られるのか、といったひとがいたようです。

◇　◇　◇　**佐野氏の役割と重責、文部省の対応**

👀　佐野氏は、昭和58年7月に文部事務次官に就任しています。臨教審の組織・運営については、当然、佐野氏の考えが反映されていると思います。臨教審発足後の昭和59年9月には、臨教審事務局長「併任」となります。これは、教育行政・教育施策の一体性・継続性、そして臨教審答申の実現・その施策の展開を念頭に、教育行政の責任官庁である文部省と臨教審との連絡・調整を円滑にすることを考えたからでしょう。特に、官邸サイド、自民党文教関係者、文部省間の摺り合せが重要でしたから。佐野氏には、藤波孝生官房長官（元自民党文教部会長）とともに、臨教審の設置を含め教育改革の進め方について考えの異なる中曽根首相、自民党文教関係議員との間で接点・到達点を求める役割があったでしょう。臨教審による教育改革の道筋を考え、臨時教育審議会設置法案、臨教審の組織や運営、スケジュールの設定、中曽根首相への説明、自民党文教部会・文教制度部会をはじめ文教専門議員との調整、文部省一体としての教育改革への準備・対応、臨教審委員・専門委員の候補者の選考などです。藤波官房長官とは、昭和40年代の大学紛争

時、藤波文教部会長時代、そしてその後と、意思の疎通には問題はなかった
と思います。(逆に、ここで、ご質問の方にうかがいますが、あなたが佐野文一
郎氏の立場、つまり文部事務次官だったら、どのような舵取りをなさいますか?
そして、臨教審事務局長と併任の立場なら、どのように考えますか?)。

👀 佐野さんの文部事務次官就任後、中教審は昭和58年11月15日に学校制度
改革の考え方を含めた「教育内容等小委員会審議経過報告」を、昭和58年11
月25日に教育職員養成審議会は「教員の養成及び免許制度の改善について」
の答申をまとめています。これらは、教育改革の論議が高まるなか文部省の
教育改革についての考え方・その方向をまとめるものであった、と思いま
す。前者は、昭和56年11月　田中龍夫文相が第13期中教審に「初等中等教育
の教育内容などの基本的な在り方」を諮問しており、その対応です。諮問の
ときとは状況が異なり、教育荒廃が社会問題化し自民党の中にも学制問題に
も着手すべきだ、との考えが出てきました。昭和59年初めにスタートする第
14期中教審の諮問には「学校制度の在り方」の検討も視野に入れるとのこと
だったようです(上記報告の「表題」と「内容」が必ずしも一致していないの
は、そのせいです)。学校教育の課題としては、児童・生徒の問題、過熱した
受験競争、学校教育の画一性・硬直性を挙げています(編者注:これらの
ベースは、天城勲さんがIDE(民主教育協会)『現代の高等教育』昭和59年3月号の
巻頭言「Equality in Education」で述べることと同様です。天城さんは、教育の機
会均等は教育の画一化・平等とは同じではないこと、中等教育以後の生徒の能
力・関心は多様化するがそれに即した教育は差別・選別ではないこと、試験や選
抜の評価基準は可能な限り多様化すべきこと、そしてそのためには、社会全体の
合意と反省がなければ教育改革は目的を達しないであろう、との立場です)。後者
については、その答申をまとめた教養審側に臨教審に対する不満が残ったよ
うですが、臨教審の発足後に第三部会はその教養審と懇談会を開き、有田部
会長が我が国の教員の資質向上を願う気持ちは教養審委員の方々と全くちが
いはないと思うとして、率直な意見の交換を求めたとのことです。

　佐野さんは、また、事務次官就任後に、児童・生徒等の"急増・急減対
策"などに関する省内連絡会議を設けています。これは、教育改革の具体策
を念頭においた連絡課長等を中心とした勉強会です。「学校教育制度検討部

会」、「急増・急減計画検討部会」を設けています。が、成果はあまりなかったようです。急増・急減のときは改革の好期との佐野さんの意図はどこまで浸透したのか？　佐野さんには悔いが残ったかもしれません。

👀　臨教審の第一次答申は当面の"負の現象"への対応で、第二次・第三次答申が基本答申ということでしょう。当初は、第四次答申は予定していなかったでしょう。いつ、どのように実行するのかが分からない46答申のような答申は考えられません。運営委員会メンバーの実務的・実際的・課題解決的発想で、瀬島龍三さんのお考えがベースでしょうか？　佐野氏と共通するものがあったかどうかは、分かりません。いずれにせよ、文部事務次官と臨教審事務局長は「併任」になり、佐野氏の役割・責任は重大になった、と思います。そして、佐野氏だからまとまった、と言えるかもしれません。

👀　たしかに、先ほども説明がありましたが、佐野氏が文部事務次官就任後から講じた文部省おける対策および中教審・教養審の審議の展開と、後年の臨教審に関する文部省首脳の"聞き書き"の具体性の乏しさとの間には、相当の隔たりがあるように思いますね。こうした対策そのほか、いろいろのことを講じたり配慮したりしながら、教育改革について官邸サイド・自民党文教関係議員の折衝に臨んだのでしょう。さらに言葉は少ないですが、共同通信社の元記者徳武氏とのインタビューからも学制改革についても相当踏み込んで考えていた、との感じがします。齋藤正氏、天城勲氏あたりのお考えがあるかもしれませんが。

👀　佐野氏は、臨教審の第一次答申後に退任します。文部事務次官在任期間は、約二年です。道筋をつけた、ということでしょうか。佐野氏は、先ほども申しましたが、臨教審も含めて回想・エクスキューズの類いは残していません。"責任は自分にある、批判は自分で受ける"、というひとだったようです。何らかの配慮するときでも相手の心の負担にならないよう、さり気なくする人だったらしいです。

　　佐野氏のあとの文部事務次官には、高等教育局長の宮地貫一さんが昇任します。初等中等教育局長は、留任です。宮地さんが佐野氏のお考えをどう継承しどう考えてどう臨教審に対処したのかは、分かりません。

👀　臨教審設置の三年間で三人の文部事務次官・臨教審事務局長というの

第5　文部省の臨教審対応と臨教審事務局の編成

は、多かったようにも思いますが、佐野さん、宮地さんの在任時には併任の弊害はなく、逆に利点があったかもしれません。高石さんのときは、どうでしょうか。臨教審のスタート時、第一部会では自由化論議が盛んでした。同部会は、当時初等中等教育局長の高石さんに初等中等教育についての説明を求めています。高石さんは、「我が国の初等中等教育」と題して現状と課題を説明し、自由化に対し明確に反対の見解を述べました。また、高石さんは、初中局長在任時の昭和61年4月、参議院文教委員会において粕谷照美議員（社会党）の「統合教育」についての質問に答え、欧米諸国の心身障害児の実情を調査した結果などに基づき一定程度以上の障害のある者を一般の学校において教育することには反対、との立場を明らかにしています。それに反して、臨教審の委員・専門委員が統合教育・インクルーシブシステム推進の提言を出すことには、心理的な抵抗があったかもしれない、事務担当者においてはいっそう困難でしょう（もっとも、こうした立場の委員・専門委員はいなかったようです）。高石さんは、第三次答申の教科書制度の改革の際には実務の立場から教科書「認定」制に反対の意見を述べています。こうしたとき、二つの立場、文部事務次官（前初等中等教育局長）と臨教審事務局長とを分けて職務を遂行することは、どこまで可能でしょうか？　臨教審の委員・専門委員は、どのように受け止めるでしょうか？

👀　臨教審の提言が技術的・細目的になればなるほど、委員・専門委員の存在は軽くなったでしょう。内閣総理大臣の諮問機関であることの意義は、根本的な理念や制度の根幹において改革をともなうことがらを審議し提言することですが、高石事務局長のときには臨教審はそれから遠のいたかもしれません。

◇　◇　◇　**権威ある事務局ではなく、権威ある審議会へ**

👀　香山健一委員は、審議会の事務局について「臨時教育審議会第2回総会の各議題に関する意見」（昭和59年9月14日）で「中央教育審議会をはじめとして、従来の各種審議会等の運営は、「建前」上は「権威ある審議会」の下に「下部機関としての事務局」が従属する形で運営されるものとされていたが、その「実体」は「権威ある事務局」の下に「下部機関としての審議会」

が従属させられることが少なくなかった。「権威ある事務局」は審議会等の各委員を分断し、その意見や発言に枠をはめたり介入したりし、さらに事務局の特権とされる報道機関との接触や資料作成等を通じて、事前に「世論操作」を行うのを常としてきた」「しかし、……明治以来百年の「追いつき型近代化の時代」が終わり、21世紀をめざして近代を超えようとする時代において、しかも国民的合意のもとで行財政改革が進展しつつある今日において、いまなお旧態依然たる「審議会操作」を続けることは絶対に容認できない。そのような旧時代的感覚と運営方式では文字通り国家百年の大計を誤るであろう」「事務局は「建て前」上のみならず、その実際の運営においても、本審議会の25名の委員に従属するものであって、決して委員の権限を侵してはならない……本審議会委員の権限を侵すようなことがあった場合には、本審議会は事務局員の更迭を求めることができる」「臨教審の運営を保障するために、臨教審事務局の構成を再検討し、文部省のみならず他省庁ならびに民間組織からの事務局への出向体制を飛躍的に増やして、各分野からの自由な創意がのびのびと吸い上げられるようにする」、ことを求めていました。しかし、この提案によって、実際に、事務局組織が変更され、事務局員が更迭されたことはありません。各部会の運営については、部会長・部会長代理のもとで主任調査員が大きな役割を有しました。その委員・専門委員の調査審議に対する取り組み・発言の重みなどによって濃淡・相違が出たのは当然でしょう。

👀 香山委員は、「今後の審議会運営に関する実務的提案」（昭和59年11月21日）でも「実質上、文部省独占に近い現在の臨教審事務局体制には問題がある」とし、その再編成を提案し、事務局員に対する会長・会長代理の厳重な指導とチェックを要望しています。さらに、「第二次答申案修文過程並びに答申実施過程において注意すべき諸点について」（昭和61年4月11日）では、その注意点のひとつとして「文部省等各省庁から出向している臨教審事務局員を通じて、答申案の表現を弱めたり、曲げたり、恣意的に文言を削除したり、追加するような、答申起草・修文過程の非公式の介入や表現のチェックが行われないよう充分注意するとともに（修正部分は必ず正確に原案起草者等に連絡・報告することが必要である）……」としています。香山委員は、後

第5　文部省の臨教審対応と臨教審事務局の編成

日、第75回総会（昭和62年2月18日開催）において、用意した資料が文部省から臨教審事務局に出向している者からその配布の中止を求められたことを明らかにしています。

◇　◇　◇　**審議の主体は委員、そして専門委員**

👀　香山委員が想定するような委員・専門委員ばかりだったかどうかは、分かりかねます。「今日の議題は何でしたっけ」とか、準備もせずに会議に出てくるようなひと、会議での配布資料をネタにして……するようなひととは、臨教審は国家行政組織法第8条機関ですから、もちろんいなかったでしょう。事務方が提起した問題についての委員・専門委員の対応には、おそらく幅があったでしょう。審議の主体は委員、そして専門委員であるとは思いますが、事務方をいかに活用するかも重要だったかもしれません。

👀　文部省の審議会のスタイルとはかなりちがいがあったのでは、と思います。第一部会は、委員・専門委員が主体的・主導的に審議を進めました。委員・専門委員が自らの発言内容をペーパーにして用意し、また、第一部会のメンバーはたびたびメディアにも登場し論文・見解を書き、そのコピーを配布していました。部会に多くの情報が提供されました。一方、第三部会は、特定のメンバー・特定のテーマを除き、後で述べますが、「教育問題懇話会」で議論し、その議論も含めて考え方を整理し、部会ではそれを素材にして審議を進めたようです。両部会とも、文部省の審議会のスタイルとは異なっていたようです。両部会の審議を追跡するには、会議前に用意したもの（事務方が準備したものを含めてです）のほか、会議の場や後日に委員から配布・送付されたペーパーを含めて行う必要があります。香山委員の上記の指摘は、審議スタイル、審議会の委員・専門委員の役割と責任の点からも重要と思われます。意思形成過程に注目することが必要です。

👀　一般論ですが、事務局の用意した配布資料にはそれまでやその後の会議・討議と直接関係するものもあれば、関係の薄いもの・まったく関係のないものもあります。重要なことは、会議での配布資料に加え、会議やその後の展開はどうなったのかのフォローです。事務局主導でない会議もありますから（臨教審も、このスタイルでした）。昭和20年代の教育改革でも、教育刷

新委員会（審議会）などの答申後に私立大学関係者がGHQに直訴して覆ったもの、文部省が誤解したものを後日修正したものもあります。また、CIEの文言上の表現だけでなく、その拘束力の強弱にも留意が必要だったようです。したがって、特にこういう場合には、会議の配布資料リストに意味があるのではなく（多くの場合には事務局主導でないということです）、その後の議論・実現（修正や実現せず、も含めてですが）へのプロセス、あるいは結果から逆に遡及的にプロセスの検証が求められるでしょう。

◇　◇　◇　　**臨教審事務局の調査員**

👀　臨教審の事務局としての検討会などはなかったようですね。臨教審の事務組織の人事異動は、結構、頻繁でした。事務局次長、首席調査員は臨教審の三年間の全期間を全うしていますが、総務課長、主任調査員は三年間を全うせず、交代しているようです。事務方の組織・しごとの処理のしかたは、部会によって異なりました。審議のために新たに調査を行う、あるいは提言の実現策を検討するには、人的・時間的に不十分でした。問題の所在の分析、対処策を調べるための資料収集、研究者などの見解の聴取・収集について全体的な采配、各部会・総会との連絡調整などを行うのは、主任調査員の役割だったようです。改革の実現のためには、こうした臨教審方式では成果は限られたしょう。臨教審の問題点の指摘や批判的な意見ばかりが多くて、恐縮です。

👀　臨教審事務局には、委員・専門委員に対する中立性・公平性の点で問題があったのかもしれません。後年のN氏の"聞き書き"を読むと、第一部会の考え方について「妥協」「毒気を抜かれた」などの表現をしています。自由化論に関してのM.フリードマンの紹介もそうですが、これでは事務局の姿勢が疑われかねませんね。

👀　「事務局の職員はどういう雰囲気・様子だったのか、出向元を気にした寄り合い所帯だったのか」、とのことですが、外からはそう見られているようですが、そうでない部分もありました。「増税なき財政再建」の臨調答申の後ですから、大蔵省からの出向者は苦労もあったと思います。大蔵省から出向のH氏は、「大蔵省からくると、財政面からの抑制役・お目付け役と見

第5　文部省の臨教審対応と臨教審事務局の編成

るでしょうね。しかし、せっかくこうした教育改革に取り組む臨教審にきたのだから、この際、真正面から教育問題に取り組む積りだ」といっていました。大蔵省は、財政の観点からいろいろの分野の行政と関わります。かつて大蔵事務次官、国鉄総裁を歴任した高木文雄さんは、大蔵省の秘書課長のとき、「法律」以外の分野の人材を採用しました。「入省者20人ほどのうち5人が経済学部からと、法学部出身者が通常入省者のほとんどを占める大蔵省としては珍しい期でした。」（榊原英資『経済政策のカラクリ　アベノミクスを仕切るのは誰か』139・140頁　朝日新聞出版　2013.10）。高木さんは、「経済」のほか、他の分野の採用も検討していたようです。大蔵省から入省手続の案内を受けた「教育」系もいたようです。そのときは、その誘いの意味が分からなかった、といっていましたが。高橋洋一先生は理学部数学科、野口悠起雄先生は工学系から経済系へ、です。大蔵省には広くその基盤や他の分野の行政に取り組む姿勢がありました。O氏・K氏も意欲的だった、と聞いています。大蔵省は異動の範囲や行政対象分野が広いですから、出向者には視野の広いところがあったそうです。

👀　臨教審の具体的課題が自分の出身省庁と関わりがあるのか、自分の役割は何になるのかなどが不明なときに臨教審事務局出向を指示された者は、困惑したでしょうね。「自分たちの問題が取り上げられるようになったら、その限りにおいては既得権益を守らなければいけないという立場ですね。それ以外は傍観ですね。」、との見方もあったようですが、これはどうでしょうか？

👀　一般論ですが、各省庁と臨教審の関係者が接触すればするほど、従来路線の延長となり改革性が低くなる可能性はあったでしょう。各省からの働きかけは、その施策との関わりで委員・事務局に対し直接・間接にあったでしょう。これを避けるためには、提言を実現する強力なリーダーシップと応援団が必要だった、と思います。医療・教育・労働・福祉の一体的な施設の実現、共同事業の推進については、関係省庁は、当時はあまり積極的ではなかったかもしれません。答申の表現を緩やかにするような働きかけがあったかもしれません。出向者の立場をどのように考慮するかもありますね、その意味では、第二次臨調の不関与方式が必要だったでしょう（「第9　臨教審に

おける教育財政の論議は？」の「教育財政の効率化・合理化」を参照してくださ
い）。

👀　臨教審事務局が寄り合い所帯ならば、文部省からの出向者も他の省庁出
向者を通じて、教育行政を多角的に見て情報交換ができたはずです。文部行
政・教育政策は、他の分野省庁（財務、厚生・労働・警察・農林・通産など）
からはどう見えるのか、どのように受け取られているのか、それらを勉強す
る機会でもあった、と思います、が。

◇　◇　◇　　**臨教審事務局その他**

👀　「臨教審の事務局は臨調の事務方とは極端だったように感じるが、どう
いう様子だったのか」、とのお尋ねですが、香山委員の先ほどの意見、前述
の調査員N氏の言い方をみると、事務局の一部には反自由化・反第一部会感
情があったのかもしれないですね。　第三部会はそうでなかったかもしれま
せん。それは、かねてから有田第三部会長と香山委員とは率直にものが言え
る関係があったからでしょう。

👀　「文部省の初等中等教育局・教育助成局は臨教審、特に第三部会の運営
にどう関わったか」、とのことですが、具体的・積極的な構想・提案はな
かったようですね。「文化と教育に関する座談会」最終報告のこなしも含め
て、です。また、「学校教育制度検討部会」、「急増・急減計画検討部会」な
どからのアプローチもなかったようですね。有田一寿さんはかつて自民党文
教部会初中教育チーム（有田主査）「高等学校制度及び教育内容に関する改
革案50　中間まとめ」を、齋藤正さん・河野重男さんは先ほども話しが出ま
した第13期中教審の教育内容等小委員会のキーメンバーとして「教育内容等
小委員会審議経過報告」をまとめていました。有田さん、齋藤さん、河野さ
ん任せ、ということでしょうか？

第6　中教審「46答申」は"歴史的遺産"?

◇　◇　◇　　中教審「46答申」の評価は?

👀　「マスコミでは、自由化、教科書、学校選択などをめぐってしばしば第一部会と第三部会が対立、といわれました、中教審「46答申」についての見方・評価でも分かれたようですが」、とのご指摘ですが、教科書問題は「審議経過の概要」では両論併記になっています。が、それは摺り合せ前の段階での自由な意見の段階です。マスコミは「第一部会は46答申に好意的」とみていたようですが、それは日本の近代教育の発展と評価についてでしょう。これは、天谷直弘さん、香山健一さんはじめ第一部会の大方の見方あるいは臨教審の委員の大部分の見方だったかもしれません。第三部会長の有田一寿さんは、46答申を反省材料とみていたようです。46答申は平時の改革です。それを自ら「第三の改革」というのは、いかがなものでしょうか?　改革・改善は、平時でもその必要があれば普段から行われるべきでしょうから。

👀　臨教審の委員のなかには、データを含む史的展開・現状分析、欧米へのキャッチ・アップからの卒業、横一列集団駆け足行進からの脱却については同感との見方がありました。しかし、それ以上ではなかった、と思います。46答申は改革の目標・方法論、実現性などの点で疑問がありました。たとえば、「先導的試行」はどのような内容・方策で行うのか、具体性がなく、改革の方法論が抽象的でした。画一的であるとの見方もあったようです。臨教審の第二次答申（昭和61年4月）は、「中教審の四十六答申は教育理念の検討に正面から取り組まなかったために「第三の改革」の性格が必ずしも明確にならず、意欲的な先導的試行の諸提案も教育界の現状を守ろうとする強い意識に阻まれて実行に移すことができずに十五年を経過し、この間、教育荒廃が深刻化して大きな社会問題となる中で、現在の教育改革へと連なることになったのである」と述べています。これが、どの程度、的を得ているかは、分かりませんが。

👀　中教審の46答申時の文部大臣は、坂田道太さんです（坂田さんの文部大

臣在任期間は昭和43年11月30日から昭和46年7月5日まで）。答申の実現について
どのような見通しを持っていたのか、分かりません。46答申の学校体系の変
革、先導的試行は、試行の着手どころか、その前段階の研究開発の段階にも
入っていません。先導的試行の実施となれば、試行・移行の時期を含めて全
体的・部分的に、当然、二重・三重の学校体系あるいはそれ以上の学校体系
が前提となります。学校体系の改革が文部省や一文部大臣の手に負えるもの
ではありません。占領下での新制中学校のスタートのときには、中学校を建
設できずに自殺した村長さんもおりました。

👀　46答申を事務方として担当した西田亀久夫官房審議官は、学校制度の改
革は「国民会議」を設けそこで実行を、と抽象的に考えていたようです（国
民会議の組織・内容は分かりません。森戸辰男中教審会長の見解は不明ですが、
「国民会議」論ではなかったようです）。国会答弁から分かりますが、文部省内
も不一致でした。答申直後から教育行政の実務関係者からも疑問がありまし
た。46答申は、行政官庁の諮問機関の答申として疑問符の付くものだった、
と思います。政策の具体性・実現性に欠け、費用が数兆円になるにも拘わら
ず財政論・財政の展望が欠如しているなどの指摘がありました。46答申後、
初等中等教育局に「研究開発室」が設けられましたが、その室長は、在任中
は改革の方向性・進行状況を言える状態ではなかったようです（これに関す
る資料も、見当たりません）。「46答申」を「歴史的遺産」と評するひとがい
たようですが、どのような意味からでしょうか？　「先導的試行」は“実施”
に移されなかった、次世代に引き継ぐべきものとの意味で、「遺産」なので
しょうか？

👀　平時において学校体系の改革が国家的優先課題との合意はできないで
しょう。数内閣にわたる大きな課題ですから。第三部会長の有田一寿さん
は、先導的試行について、子どもたちを実験台にする扱い、先導的試行が良
ければ実施、悪ければダメでは大問題、との意見でした。臨教審が検討した
小学校から大学までの「秋季入学」導入に要する経費を考えれば分かります
が、これも財政的には極めて多額となります（かつ、土光臨調を受けた「増税
なき財政再建」のときですから）。46答申については、政策実現の具体策・財
源論の検討はなかったですから、実現の熱意も疑問です。

第6　中教審「46答申」は"歴史的遺産"？

👀　当時の文部省の喫緊の課題は、大学学術局では「大学紛争」への対応、大学紛争の解決です（国会の会期を延長して、「大学の運営に関する臨時措置法」が制定されたのは、昭和44年8月です）。初等中等教育局では教員の成り手・人材の確保が大問題でした。「日本列島改造論」があり、超インフレで教員と民間の給与水準の格差が拡大し、教員のレベル低下は深刻な問題でした。

◇　◇　◇　**46答申、天城勲氏の無念**

👀　天城さんは、文部事務次官として中教審46答申のまとめに関わっています。また、中曽根首相の「文化と教育に関する懇談会」の座長代理でした。中曽根内閣は、昭和57年11月から昭和62年11月までです。自民党は昭和58年12月の衆議院選で過半数割れし、新自由クラブと連立します。中曽根さんは昭和59年10月自民党総裁再選、61年9月に総裁任期は一年延長となります。天城さんは、学究的、国際派といわれる方です。天城さんは、臨教審の改革課題について中教審は早くから意識していた、実際にどこまで踏み込んだかは疑問があるが、としていました。天城さんは46答申は教育改革の一つのモデルだった（編者注：中教審はその設置から臨教審の設置のときまで（昭和28年7月から昭和58年6月までですが）、27の答申を行っています）、臨教審の発想・表現は政策的で教育界にはなじみにくかった（中教審には専門的な人が多く発想が異なっていた、教育内部の人でも落ち着いたところでやれば、幅の広い視野が出る）、との考えだったようです。さらに、臨教審の第二次答申は現代教育問題事典で便利だが、もっとポイントをハッキリさせ政策志向的な提言をとの考えだったようです。46答申に関わった天城さんのいささかの無念さと自己弁護が感じられます。臨教審の審議の主要課題は、二十一世紀に向けての教育の基本的な在り方、生涯学習の組織化・体系化と学歴社会の弊害の是正、高等教育の高度化・個性化、初等中等教育の充実・多様化、教員の資質向上、国際化への対応、情報化への対応、教育行財政の見直しの8点でしたから、ポイントを絞ればそれから漏れたことがらは無視・軽視され、現状維持になりかねません。臨教審と46答申の大きな相違の一つは、時間軸・時間の観念の相違です。46答申の諮問は昭和42年7月の剱木亨弘文部大臣の第8期中教審に対する「今後における学校教育の総合的な拡充整備のための基本的

施策について」です。戦後教育の改革方策の評価とそれをもとにした諮問との性格もありました。昭和31年、清瀬一郎文相のときに戦後の教育改革を見直そうという機運になり、文部省から離れたところでもう一度政府全体の責任で行うとのことで、「臨時教育制度審議会設置法案」が国会に提出されました。しかし、あの乱闘国会・機動隊の導入、暁の採決になった「地方教育行政の組織及び運営に関する法律」のときで、同法案は「教科書法案」などとともに廃案になりました。46答申は、そのやり直しの一面があったかもしれません。46答申は四年がかりの審議で、うち最初の二年間は基礎勉強に充てたそうです。課題を包括的に見て、教育費については「統計数理研究所」（東京都港区麻布所在）の協力を得て試算も行っています。しかし、答申の実現の見通しは、不明でした。46答申の中教審は、教育専門家の勉強会のような感じを受けます。諮問と答申の関連、教育行政の現実的な政策課題・実務との関わりは、どのように理解していたのでしょうか。スピート感が不足しているように感じますが。首相、文相の“通常”の在任期間を考えても、通常から離れているように思います。二つは、教育と社会との関わりの大きさと課題解決の緊急性です。臨教審のころは、教育の量的拡大が進むなかでの受験競争の過熱化、落ちこぼれ、登校拒否、非行・校内暴力、いじめなどの教育荒廃現象・ひずみが目立ち、有効な打開策がないまま、学校・教育界の閉塞感が強まっていました。教育界・教育行政の枠を超えて他の分野・他の行政を含めて緊急の対応が求められ、逐次答申となりました。三つは、臨教審では、一般の行動範囲、行動パターンの変化を背景に教育専門家以外のひとの役割が大きくなりました。四つは、答申の実現性の認識について大きな隔たりがありました。臨教審は、背伸びすれば手の届く・汗をかけば実現できる提言を模索していました。五つは、臨教審は天城氏の『現代の高等教育』昭和59年3月号の指摘（81頁参照）については、個性重視・生涯学習社会の構築・学歴偏重の是正の具体策を提示しています。たとえば、学習における選択の拡大、「既習の学校歴」・「年齢」の要素の縮小、学校体系では単線型にバイパスの設置、「学位授与機構」の創設です。文部省は46答申をどのように発信したのか、どう実行したのか、何故、中曽根首相は臨教審のときに教育学者や文部省に親和的なひとを委員から外したのか？　天城さんの

お考えには、いささかの隔たりを感じました。第一部会は46答申について西田亀久夫さんからヒアリングをしていますが、西田さんは答申の実現の考え方・方策については説明していません、できなかったのかもしれません。第三部会は、西田さんのヒアリングはしていません。

◇ ◇ ◇　**臨教審の会議運営、劇場型・見える化？**

👀　土光臨調、臨教審は、国民の理解・サポートを得ることを運営の面でも重視していました。そのため、一つに、逐次答申方式をとり、提言のすみやかな実行と国民の持続的な関心の保持を重視しました。二つに、会議が終了すると、会長・部会長が報道関係者に記者会見を行い、会議の結果を説明しました。「劇場型」・「見える化」の運営の先駆だったかもしれません（現在の中教審の運営は、どのようになっているのか分かりませんが）。三つに、事務方のお膳立ての否定です。臨教審の場合ですと、第一部会は委員主導でした。当然、配布資料も発言者・提案者主導です。事務方がその用意した資料に基づき説明し承認を得るのではなく、委員・専門委員による会議のその場などでの課題解決・方向性を求めての討議です。「経済財政諮問会議」のスタイルです（編者注：経済財政諮問会議は正式の議事録は遅れますが、議事要旨の公表は四日後でした。臨時委員となった大臣にも、政策提案力・討議力・説明力が求められました、「フォロー・アップ（再説明）」した臨時委員もいたようですが）。そのため、臨教審では、委員等の集中合宿審議、会議の場や後日の口頭による説明・資料配布もありました。第三部会は、学校制度・教育内容・教員の資質向上等の提言は、「教育問題懇話会」の検討などを参考にしていましたが、齋藤正氏の提案が主でした。

◇ ◇ ◇　**46答申、その後（高等教育機関の類型化・国立大学の法人化）**

👀　46答申の高等教育の計画化は、ある時期まで着実に実行されました。高等教育機関の種別化・個性化には、反対論がありました。施策としては積極的には実行されませんでしたが、答申後、進学率の上昇・大学進学者の増加にともないその必要性は増し徐々に自ずと類型化が進んでいった、といえます。経費の傾斜配分・政策的重点配分、第二次臨調の基本答申（昭和57年7

月）に基づく教育研究プロジェクト助成の重視（COEの推進、特別・現代・教員養成のGPなどはこの範疇に入ります）、大学院重点化、日本私立学校振興・共済事業団を通ずる間接的な経常費補助の削減・文部（科学）省の直接補助の拡大などは、この誘導策でしょう。「競争的環境のなかで個性輝く大学」づくりは、あらかじめ類型化を設定するものではありませんが、自ずと類型化が進むとみることができるでしょう。

👀　国立大学の法人化は小泉純一郎内閣で実現しましたが、46答申の考え方とは異なります。46答申の高等教育の部分は、系譜的には昭和38年の中教審答申でしょう。46答申への反対論は先ず大学の類型化在りきだったからでしょう。今日では、国際的に、また我が国でもマスコミなどで「大学ランキング・格付け」が行われていますが、当時は、たとえばカーネギー財団の分類をすんなりと受け入れるような雰囲気はなかったように思います。「類型化が進んだのは、大学のなかで高等教育の方向についての理解が進んだからだよ。」という大学の教員もいました。大学教員・研究者の国際交流が増え、外国の高等教育の理解や高等教育研究が進んだから、との見方です。

👀　小泉政権での「国立大学の法人化」は、中教審では審議されませんでした。昭和37年の工業高等専門学校の制度化もいろいろの経緯はあったでしょうが、やはり中教審では審議されていません。重要な学制改革は、中教審飛ばしですか？

👀　46答申の失敗などがあり、官邸サイドには文部省への不信感があったかも知れません。また、前述（9頁）しましたが、各省庁にまたがる体育・スポーツ、文化の振興策は新たな施策を打ち出すものになっていませんでした。浅利慶太さんを補佐し、事務的にこの各省庁の取りまとめを行ったのは文部省の体育局でした。土光臨調に対する国民の高い評価のほか、先に述べたことを含め諸々のことがあって中曽根さんは総理大臣の諮問機関として臨教審の設置を望んだのかもしれません。

第6　中教審「46答申」は"歴史的遺産"？

〈資料11　西田亀久夫氏「46答申について」　臨教審第一部会ヒアリング（昭和59年11月28日）から〉

①教育需要（高等教育、幼稚園・保育所）。

②公教育　宗教教育から離れる。スタンダード……心の糧、必要最小限。特に義務教育初期。自由化は、ア　見通しをつけて（財政負担が大きくなる）、イ　悪貨が良貨を駆逐することがないように。

③教師　ア　阻害要因の除去　イ　再教育（現職のまま教育を受ける、本当のプロ・アマ（incentive）段階を設ける）　ウ　学校種別でなく、専門性のレベルを給与に反映　エ　研究開発（立派な人にする教育方法論がない、若い人に生きがい（自由に展開））。

（質疑応答）　入試は苦しいのと嬉しいのがセットになるようなもの、そして多様化を。多様化は成功していない。46答申のときには「崩壊の危機感」はなかった。機会の不平等をつくらない。初等教育のアンバランス（ライシャワー）、明治以降は義務教育のなかでフェアな競争。自由にしたときには何が教育の指標になるのか。教育の理想humanism、高校はもっと放し飼い教育を。一斉教育　→　個別化（例　放送大学）。中等教育段階では必要最小限。

専門性を基礎にした職階制の免許の検討も視野に（教授・助教授は専門性。学会活動は質を測る）。実践教育学・臨床教育学の必要性。

中等教育の期間をどう考えるか？　（中教審では、その長さ・時期の適切性についてはあまり議論していなかった。）

幼児教育…異年齢集団の区切り。影響されることの怖さ。コミュニティ人間の育成、人材は学校。

偏差値…「技術・家庭」には相関がある（国立高専協会のデータ（編者注：西田氏は、官房審議官後に木更津高専校長に就任））。

共通一次は基礎能力の測定、推薦入試は玉を見い出すことに意義。

研究機関の特殊法人化＝自己責任が跳ね返ってくる。

高等教育における投資が少ない。

　なお、西田亀久夫氏は、昭和60年1月18日の説明では、特に中等教育について、研究開発の推進体制の確立、集団学習主義から個別学習へ、履修主

義から修得主義へ、を説明。

◇ ◇ ◇　田中角栄首相と教員給与の改善・人確法の制定

👀 「初等中等教育局長の岩間英太郎さんは46答申に反対だったようですが、やはり、教員給与と民間給与水準との格差是正・教員給与のアップが喫緊の重要課題であったということか」、とのご指摘ですが、次のようなことだったと思います。

　まず、その背景ですが、教育の質を高めるには教員の問題が重要でその教員の資質向上のためには、教員の養成・採用・研修・職務・定数など分野での改善が必要ですが、優れた意欲のある方々が教職をめざすことも重要でしょう。戦前には兵役について短期現役制度がありましたが、そうした特典がなくなった戦後においては教員の給与など待遇の向上が重要、不可欠でしょう。戦後、義務教育年限の延長・新制中学校の創設があり、高校教育が普及拡大しました。ベビーブーム世代の就学により児童・生徒数が増え、また、教員について徹底した「免許状主義」が採られ、教員数を増やす必要がありました。教員政策は、教員数の確保が最優先でした。昭和30年に文部省教職員課長に就任した村山松雄氏（後に文部事務次官）は、教育職員免許法の制定で重責を担った玖村敏雄課長のお考えを「（教員免許状については）免許状取得の資格は最低基準とし、取得しやすくした。採用予備軍を広く用意する考えからである。資格基準は低くても、現職教育で資質を伸ばす。また、上進の道も開くという考えだった。」と、説明しています。旧教育基本法には第6条の規定がありました（現基本法にも同趣旨の規定があります）。こうしたなかで、教員の待遇の向上を図ることは教育政策として重要な懸案でしたが、困難な課題だったと思います。

　共同通信社記者で長く教育担当だった德武靖氏は、いろいろの経緯があって成立した「国立及び公立の義務教育諸学校等の教育職員の給与等に関する特別措置法」に基づき、昭和47年1月から支給されるようになった「教職調整手当」ついて、「教職調整額は、……その解決策で、超勤の有無にかかわらず支払われるところから、一種の優遇策のように見なされる向きもあった」と述べます（編者注：「向きもあった」に留意してください）。これは、訴

第6　中教審「46答申」は"歴史的遺産"?

訟その他において超勤手当の不払いが際立つことになり、その解決策と受け取られたからです。この裁判の原告側は、教員優遇措置を論点にすると立法政策の問題になる可能性があるので、超勤不払い闘争にしたのかもしれません。戦術的に、です。

　岩間英太郎氏（人確法制定時の文部省初等中等教育局長。後に事務次官就任）は、「教職調整手当」の支給で超過勤務問題については一応のケリはついたが、「教職調整手当」の支給は、教員優遇策とは全く異なるとみていたようです。その理由は、昭和46年5月の"給特法"の成立から田中角栄首相との懇談会での問題提起までの期間の短さ、さらに、教職調整手当は本俸の4％ですが、昭和48年度の概算（追加）要求で三年間で50％のアップをめざしていることから推測できます（なお、教特法の制定時には、一部のひとは外交官、検察官などのように本俸での優遇策を考えていたかもしれません）。教員優遇の地盤沈下・矮小化を恐れていたかもしれません。同氏が46答申の学制改革・先導的試行よりも教員優遇策・"人確法問題"にこだわったのは、教職を取り巻く昭和40年代の経済的・社会的状況と、文部行政における喫緊の重要課題は何か、を考えていたからでしょう。そのねらいは教育の質の向上、そのためには教育条件・教育環境の整備・充実、教員の質の向上が必要で、教員優遇策はそのための手段ということでした。なお、岩間氏は、高校標準法の制定時は財務課長の、義務教育標準法第五次計画の策定時は初中局長の職にありました。以前から、教育環境の改善にも取り組んでいました。

　次に、人確法制定の具体的契機に触れましょう。

　田中角栄さんが内閣総理大臣に就任したときに（田中首相の在任期間は昭和47年7月7日〜49年12月9日）、各省事務次官・局長クラスとの懇談がありました。田中首相と文部省との懇談のときに、首相の真正面の席に座ったのが初等中等教育局長の岩間さんだったそうです。　いきなり、　角栄首相「初中局長、そっちの課題は何なの？」　岩間局長「教員の給与を上げることです。民間の給与水準との格差が大きく、このままでは教職へ優秀な人材を確保することが難しく、教員の質が低下します。」　角栄首相「教員の給与を上げればいいじゃないの。警察官と小学校の先生がしっかりしていれば、国は大丈夫なんだ。小学校の先生の給与を上げよう！」　岩間局長「小学校の教員の給与が独立しているわけではありま

97

せん。学校の教員の給与体系・全体の給与水準の向上のなかで上げることが必要なんです。」　角栄首相「そういうもんか。それじゃ、そういうことで検討すればいい。」

👀　そういう田中首相の発言が「学校教育の水準の維持向上のための義務教育諸学校の教育職員の人材確保に関する特別措置法」（人確法）の制定に結びつきます。この法案を議員立法にするか、政府提出法案かが問題になりますが、藤波孝生さん、西岡武夫さん、河野洋平さんその他の文教族がその実現に向け奔走しました。田中角栄首相と岩間さんとの間では、もう一つ教員の海外視察が話題になったそうです。

　角栄首相「10万人ぐらい出せば」　岩間局長「一年間にそんなに教員を出せば、学校に居る教員が少なくなり、学校が機能しないことになります。年間5千人ほどで実施できたら、と思います。」　角栄首相「それでいいの。文部省は気が小さいんだなぁ」（笑い）。

👀　田中角栄元首相は、政策マンでした。多くの議員立法を手掛けています。田中角栄さんは「法律というのは、実におもしろい生き物だ。一行、一句、一語が大変な意味を持っている。だが、肝心なのは法律が生まれた背後のドラマだ。」（編者　別冊宝島編集部『田中角栄　100の言葉』36頁　宝島社2015.2）。「小学校及び中学校の教諭の普通免許状授与に係る教育職員免許法の特例等に関する法律（平成9年法律第90号）」は田中真紀子さんの議員立法です。田中角栄さんの介護に当たられたことのご経験が大きい、と思います。また、前掲書では、小学校の先生の大変さ・重要さに触れ、月給を倍にしたい、と述べています（82頁）。こうしたことからすると、岩間さんの席が田中首相の真正面でなくても、最初の問いかけは初中局長になされたでしょう。

👀　「学校教育の水準の維持向上のための義務教育諸学校の教育職員の人材確保に関する特別措置法」には「人事院の勧告」という具体的な実効措置も規定されました。この法律は、教員の資質向上・教員給与の改善について新たな地平を拓く法律でした（編者注：教員の試補制・初任教員の研修制については、昭和33年7月の中教審答申「教員養成制の改善方策について」以来、6回の

中教審、教育職員養成審議会答申がなされていますが、臨教審答申の初任者研修の提言を待つことになります。文部省は人確法に続く二の矢を継げなかった、との見方もありました）。その後、「国立大学法人法等の施行に伴う関係法律の整備に関する法律」の制定の際に人確法の人事院勧告の規定は削除され、同法は訓示規定だけの法律となります（これについては、「第10　政策官庁としての機能の強化―教育の本道とは？」を参照願います）。

👀　人確法は、田中首相の強力なリーダーシップと、当時の文教族の後押しがなければ成立しなかったでしょう、その後の教員給与の引き上げもなかったでしょう。人確法は「議員立法」で、との考えは自民党文教族の働きや文教族への敬意から出たのでしょうが、その発端の岩間英太郎さんの切り出しと田中首相の主導性を見れば、政府提出法案が妥当だったでしょう。ただ、議員立法であったならば、平成15年7月の「国立大学法人法等の施行に伴う関係法律の整備に関する法律」の制定の際に人確法の実効規定を削り空洞化することには、何らかの躊躇があったかもしれません。人確法の成立は昭和49年2月ですが、平成15年7月には人確法の制定に関わった議員さんは文教族にはいなかったので（西岡武夫さんは、野党でした）、ためらいはなかったかもしれません。

👀　サイド・ストーリーが長くなりましたが、財政支出の増大を伴う教育関連法案は文部省のちからでは政府提出法案にするのは難しかったようです。教員給与を引き上げる人確法は政府提出ですが、それが可能だったのは田中角栄首相主演のドラマがあったからでしょう。それを除くと、「私立学校振興助成法」、「義務教育諸学校等の女子教育職員及び医療施設、社会福祉施設等の看護婦、保母等の育児休業に関する法律」をみれば分かると思います。私立学校振興助成法は私立大学への補助金立法で、主眼は昭和45年からスタートした予算補助の法律補助への切り替えです。義務教育諸学校等の女子教育職員及び医療施設、社会福祉施設等の看護婦、保母等の育児休業に関する法律は無給です。ただし、育児休業中も徴収される共済掛け金相当額は支給されました（編者注：「義務教育諸学校等の女子教育職員及び医療施設、社会福祉施設等の看護婦、保母等の育児休業に関する法律」は、教職に就き実践的専門性などを高め、これからいっそうの活躍が期待されるというときに、女子教員

等が出産・育児を契機に教職等を辞めるのを防ぎたいとの政策的理由、つまり女子教員等の専門性の確保とその処遇の改善から制定されたものです。後に同法は廃止されましたが、これは育児休業の対象が国家公務員・地方公務員全体に発展的に拡大されたことによります）。これらは議員立法です。自民党文教族のもと、衆議院法制局が法律案づくりをしています。財政支出を伴うものであっても、自民党の文教族はいろいろな場で工夫していたようです。文部省も汗をかいて知恵を出していました。「義務教育諸学校等の女子教育職員及び医療施設、社会福祉施設等の看護婦、保母等の育児休業に関する法律」では、初等中等教育局の柳川覚治審議官が大奮闘していました。

◇ ◇ ◇　**学校体系の改革─バイパスの導入と選択的設置**

👀　臨教審の提言をみますと、学校体系の改革では「46答申」とは異なる考え方をしています。46答申の「先導的試行」による学校体系の改革の失敗を分析し、いわば"柔構造"の学校体系論を導入しています。46答申の改革の手法は、画一的でした。臨教審では学校体系全般を変えるのではなく、学校に対する多様な個人的・社会的要請に応えるため、6・3・3制を基本にしながら新たに単位制高等学校・六年制中等学校の創設、高等専門学校の分野の拡大、高等学校の修業年限の弾力化を提言しています。学校体系の全体的な改革としてどういうことが考えられるのか、それに国民的なコンセンサスを得ることができるのか、その効果、財政的な実現性を考慮してのことでしょう。高石邦男さんや菱村幸彦さんは、学校体系の全面的な改革がないと、教育改革は失敗あるいは否定的に見るようですが、その後のこれらの学校の普及、拡大の状況からすると、臨教審の提言は静かですが、実質的で着実な学校体系の改革をもたらしている、といえるでしょう。

👀　六年制中等学校は中等教育段階では増大する進学者への対応、能力・適性、興味・関心の多様化で個性重視の原則と、単位制高等学校は生涯学習社会の構築と、特に第一部会、第二部会と深い関わりがあります。単位制高等学校は、それまでの高等学校の「単位制」、終戦後の高校の単位制とは全く異なります。臨教審が提言したのは、前述したように、生徒の学籍のある学校を超える「単位の累積・加算、学校選択、修業年限の制限なし、生涯学習

の観点」です。単位制高等学校を提言したのは、高校中退者が多かったことがひとつの理由でしょう。当時は、高校を中退すると、在学中に修得した単位は「零（ゼロ）」になり、再度、高校で勉強しようとする場合には、また一年生からの完全な出直しでした。こうしたことから、生涯学習の観点を強調したようです。さらに、一定の専修学校修了者に対する大学入学資格の付与は第三部会から提案されましたが、第一部会も賛成しています。門戸開放、多様性への対応と技術教育の振興の側面があります。一部の特定の分野については高校と大学との連携の推進、高等専門学校と大学・大学院との結びつきを進めようとの考えがありました。供給者サイドではなく、消費者・需要サイドの要請にどう応えるかの発想も見られます。第一部会的（？）ですが、制度の柔軟化・弾力化は方法論であり、生涯学習社会の構築を謳う臨教審のベースと見るべきでしょう。これらの提案の基礎には、個性重視の原則、選択の拡大があるからでしょう。

👀 こうした学校の設置は、学校法人や都道府県などの判断による、ということでした。選択的な任意設置の発想は、臨教審の学校制度改革の一つの特徴です。六年制中等学校・単位制高等学校については、第一部会の水上忠委員（東京都教育委員会教育長）とも連絡し、水上委員を通じて都道府県教育長協議会とも連絡しているでしょう。第一部会・第三部会の単純な妥協ではなく、新たな角度からのアプローチ、と見るべきかもしれません。

第7 審議の補完─ウラ第三部会？ 教育問題懇話会

◇ ◇ ◇ 有田一寿 第三部会長・齋藤正 部会長代理の責務

🔍 高石邦男さんの後年の"聞き書き"では「教育改革で検定制度がやり玉にあがりました。香山健一という左寄りの学習院大学の教授を臨教審委員に任命しました。彼は検定廃止論者だったんです。これは非常に困りました。次官が臨教審の会合に出ることはあまりないけれども、教科書問題については、私は出ていきました。有田一寿さんや齊藤正さんという文部省のことを知っている人が委員であったけれども、香山健一になかなか対抗できなかったんです。しょうがないから私が出て行って論争して、ああだ、こうだといいながら、最終的に三年だった検定制度期間を一年伸ばして四年にし、妥協して現在の検定制度を維持したんです。」、また、橋本龍太郎さん（当時は自民党政務調査会副会長）については、私立学校振興助成法案の検討のときに「慶應大学出身だから橋本さんが私学助成にマイナスになるようなことを本当に言ったんだろうか、そういう気がするんですが」、といっています。高石さんは、立場上部下にキツイことをいったときでも、よくフォローをしていたようですね。照れ屋のところがあったようですね。橋本龍太郎さんの意見は、自民党政務調査会の会合を傍聴していたひとが言っていました。Z氏「（私立学校振興助成法案について）ダメだったよ。橋本龍さんが1/2の補助義務ではダメだ、認められない、と。」 S「厚生省関係の公益法人の扱いとの見合い・バランスの問題ですか。」 Z氏「そういうことだろうね。社会部会があるからなぁ。藤波孝生さん（当時の文教部会長）が、これからどうするか、だ。」 橋本龍太郎さんは、大所・高所から筋・政策の妥当性・整合性を大事にする人でした。私学出身だから賛成というような人ではないです（編者注：「義務教育諸学校等の女子教育職員及び医療施設、社会福祉施設等の看護婦、保母等の育児休業に関する法律」も、当初は、学校の女子教員が対象でしたが、自民党の政務調査会での意見・政策的判断から看護婦・保母さんもその対象になりました）。それは、五百旗頭真・宮城大蔵編『橋本龍太郎外交回

顧録』（岩波書店　2013.3）や「政治家橋本龍太郎」編集委員会編『61人が書き残す政治家　橋本龍太郎』からも分かると思います。また、"聞き書き"で"（文部事務次官が臨教審側と）妥協して"というのもどうですか、交渉事項ではないですから。"聞き書き"氏に冗談を言って、煙に巻いただけでは？

👀　文部事務次官の立場としてではなく、臨教審の事務局長としてその立場から運営・審議の進め方について意見を述べることはあったでしょう。教育改革・提言の内容ではなく、です。教科書制度については、第一部会では天谷直弘さん・香山健一さんが、第三部会では有田一寿さん・齋籐正さん、河野重男さんが中心となり、いろいろ検討して案を出していました。両部会とも、教科書会社からもヒアリングしています。第三部会は、ウラ（？）で検討していたようです。第一部会と第三部会の摺り合せの段階になって、運営委員会委員長の石川忠雄さんが取りまとめに入っています。再三、再四の両サイドの摺り合せを経て、合意に達しました。石川先生は、その摺り合せの後にマスコミにレクしていました。これについては、「第7　第一部会・第三部会の対立？　」をご覧ください。教科書問題のときには、高石さんは臨教審の事務局長でしたが、第一・第三部会の摺り合せには教科書検定課長の御手洗康さんが随行していたようですから、高石さんからは文部省における教科書検定（行政）の実際についてのヒアリングの意味合いが強かったのではないでしょうか。教科書の検定周期を三年から四年に延長することは、臨教審の委員の側がそれまでの三年周期では実際の学校での教科書の使用状況を反映した教科書をつくることができないということで、検定サイクルを延ばすことにしたようです。教科書の使用期間を延長すると、教科書会社は営業上不利益になるので、延長については臨教審の答申ではっきり書く、ということだったようです。検定制度についていえば、教科書無償制度と関連し、また、昭和31年には教科書法案が未成立・廃案となっていますから、現行制度を根幹から見直すことはかなり難しかったかもしれません。なお、家永訴訟第三次裁判の提訴は、昭和59年1月です。

👀　有田一寿さん、齋籐正さんは、臨教審の部会長・部会長代理として、その役割に専念していました。パワフル・エネルギッシュで、よく調べていました。提案力がありました。有田さんは、かつて、学校長、自民党政務調査

会の文教部会副部会長、日経連の教育特別委員長もしていました。齊藤正さんは、文部省初等中等教育局長、文部事務次官として昭和40年代前半の文教行政を担当しています。

◇ ◇ ◇　全国学力調査の中止

齋藤正さんは文部省初等中等教育局長のときに、それまでの実施の状況から「全国学力調査」の中止を決めています。当時の佐藤栄作首相に説明し了解を得ています。実は、そのころの「全国学力調査」の担当は初等中等教育局ではなく、大臣官房（調査課）でした。最近、当時の調査課の担当者の説明を聞き、確認しました。平成になってのことですが、自民党と新自由クラブの連立のもとで新自由クラブの西岡武夫さん（元自民党文教部会長）が文部大臣に就任してから学力調査の実施の検討を初等中等教育局長に指示したそうです。昭和三十年代の経緯を承知していた初等中等教育局長は「調査統計課長は逃げたな！」と、調査統計課長の上司の総務審議官に電話をしたとのことです。　総務審議官「西岡大臣から当方へはそのような指示はありません。学力調査が調査課のしごとだったなんて、調査統計課長は知らないと思いますよ」。学力調査の実施におけるトラブルは小学校・中学校で起こっていますから、初等中等教育局長の齋藤正さんが中止を決断した、と思います。齋藤さんが文部事務次官の職を辞任したのは、通常の異動の時期でなく、突如でした。文部省内に衝撃が走りました。本人は辞職の理由を明らかにしていませんが、昭和44年の東京大学・東京教育大学の入学試験の中止の責任から、と推測されました。東大が入試を中止しますと（竹中平蔵先生はこのときの受験生だったようです）、その影響は京都大、一橋大、東京工業大などの競争の激化となりますが、今まで東大・東京教育大をめざしていたひとや家族その他多くの方々に打撃を与えます（浪人などをして備えていたひともいますから）。そうしたこともありますが、根本的には学校制度・入学試験に対する信頼を損ないます（坂田道太大臣は、入試の中止は最大の悔やみ、といったそうです）。東大は、入試中止の責任はどなたも取りませんでした。齋藤さんは、静かにそのような判断をなさる人でした。本質を考え、重んじるひとだったようです。

◇ ◇ ◇ 「中学校卒業程度認定試験」の実施、就学義務偏重の是正？

👀 齋藤正さんは、初等中等教育局長時代に「中学校卒業程度認定試験」制度を設けています。当時は、長期の病気その他いろいろな理由から就学義務を免除・猶予されたひとには、その理由がなくなったときは就学義務が課されました。極端な場合には小学校一年からです。年齢が高く学習成果のあるお子さんの場合も、です。これはどんなものか、と考えたそうです。特に我が国のような単線型の学校体系で「就学義務」の制度を採っているところでは、学齢期に病気にでもなったりしたら、その後の人生に大きな不利を負うことになる、ということで悩んだそうです。教育学者に聞いても、納得できる説明は得られなかったそうです。しかし、現実にそういう子どもさんがいるということで、「就学義務」との関わりからはノドにつかえるものがあったが、「中学校卒業程度認定試験」の実施を決断したそうです。今日も、病気のほか、不登校や夜間中学校などの問題が生じている状況では、「就学義務」「入学資格」「学校歴」に柔軟性を持たせる必要があるでしょう。厳密な「就学義務」制度のもとで通常の学校教育を受けることができなかったひとびとの「教育を受ける機会」の保障・拡充です（現在は、不登校でも15歳で中卒認定試験の受験が可能になっています。 ただ、夜間中学校についていえば、「義務教育」はやはり政策として追求すべきは「夜間」ではなく「昼間」に行う、ということでしょうから、就学援助の施策の拡充と児童生徒の労働避止を徹底すべきでしょう）。つまり、「就学義務」と個々の学校の長による課程修了・卒業の認定制だけでなく、「教育義務」「教育水準の維持」「教育の享受」の観点から、「学力認定試験」を実施する必要があります。「Out of School Leaning」を、どのように評価するかの問題提起でした。英国には、一定の年齢段階で学力水準の公的な測定を行うしくみ、たとえば「GCSE（中等教育修了資格）」があります。ただし、英国の「GCSE」は補完的なしくみでないことに留意する必要があります。M&R.フリードマンの『選択の自由』も参考になると思います。特に、学習機会・学習ツールの多様化が進んでいる状況では、生涯学習の推進、学校・学歴の偏重是正の観点から教育の機会をどのように保障・提供するか、です。この意味で、「二つの学校観」に注目することが望まれるでしょう。（編者注：米国では、原則的に、初等中等教育の

12年間は義務教育年齢に関わりなく希望者全入となっている、試験等による選抜は通常行われない。ただし、入学者選抜テストを実施（全体の3％未満）、ホーム・スクーリングの者に対して学力テストの受験を義務付けている州（20州）、そのほか進級に関する学区の規定に基づき判定、第5学年、第8学年州内統一の学力テストを実施（テキサス州）、異なる種類のハイスクール修了証（標準修了証、上級修了証、特別支援教育対象者修了証）（バージニア州）のところもあります。英国では、各学校が課程修了者に修了証・卒業証書を出す制度はなく、学校外部の試験機関によるさまざまな資格を取得することが制度化されています、中等教育および義務教育後の中等段階における主な資格としては、GCSEおよびGCE・Aレベルがあります、全国職業資格（NVQ）およびディプロマもあります。仏国では、通知表はありますが初等教育修了を認定するする証明証書はなく、後期中等教育最終学年で生徒はバカロレアを受験します、バカロレアは後期中等教育の終了を証明するとともに高等教育への入学を認める国家資格です（普通バカロレア、技術バカロレア、職業バカロレア）。以上は、文部科学省『諸外国の初等中等教育』（教育調査第150集　2016.3）を参照しました）。

　第三部会が担当した初等中等教育に関する提言は、「中学校卒業程度認定試験」制度の導入の際の齋藤正元初等中等教育局長のお考えなどを想起すると、当時、批判的にいわれたこととは異なる風景が見えるかもしれません。特に単位の累積加算制・授業機会の大幅な拡充（在籍の年数制限なし、特定の学校・課程を超える授業機会・単位の修得）・高等学校卒業資格の修得をしくみとする「単位制高等学校」の創設です。従来の学校観と異なります。生涯学習社会の構築の際には、特に学習のスタート時においては「学校歴」や「年齢」という要素から距離を置く、どのように距離を置くかが重要ですから。ここでは、こうした意味で齋藤正さんのことを紹介しました。

👀　現在の「高等学校卒業認定試験」は、中学校卒業資格も受験要件にしない完全な年齢主義です。これは、「就学義務」の観点からはどのように説明するのでしょうか？　就学義務、学校設置の認可、フリースクールとその予備校化、帰国子女、海外から移住の児童生徒などの扱いをどのように整理しているのでしょうか？　これは、相当程度に踏み込んだ「自由化」といえるかもしれません。学齢を超える者の就学は、公立中学校でも状況が許せば認

めることは可能でしょう。

◇ ◇ ◇　**必要に迫られた？　教育問題懇話会**

👀　マスコミは、教育改革のようなときには、しばしば、「学校現場 の意見は？」といいますが、「改革」のような場合には学校やそのような職能団体を基盤に選出されている委員は遠慮しているのでしょうか、それとも「改革」が大きいと学校現場の日常と離れ過ぎているからでしょうか、あまり改革提案は出ないようです。ただ、改革提案について学校教育の場から見る視点は必要ですが。臨教審の専門委員に教育学者が少ないことについては、教育学者の存在感・重みに問題がある、と見ていたひともいました。特に大きな改革の場合には、です。小泉純一郎内閣のときもそうだったかもしれません。

👀　これは全くの推測ですが、齋籐正第三部会長代理は第三部会の組織編成・構成に疑問を持ったかもしれません。初等中等教育の改革を主体的・提案的に議論できる人は？　臨教審の答申の提言をみると、初等中等教育関係が多くあります。第三部会は審議事項の幅が広いこと、委員・専門委員の偏りから、具体的な提言をしようとすれば、部会でのヒアリングが多くなり、また、個人的な研究会・勉強会が必要だったかもしれません。

〈資料12　第三部会の構成について〉

部会長　　　有田一寿（社会教育団体振興協議会副会長）
部会長代理　齋籐正（国立劇場会長）
委員　　　　岡野俊一郎（日本オリンピック委員会総務主事）
　　　　　　溜昭代（千葉市立園生小学校教諭）
　　　　　　小林登（国立小児病院小児医療研究センター長）
　　　　　　戸張敦雄（新宿区立戸山中学校長）
専門委員　　石野清治（社会福祉法人恩賜財団母子愛育会理事長、（財）日本児童手当協会会長）
　　　　　　大沼淳（文化学園理事長、文化女子大学長、全国専修学校各種学校総連合会会長）
　　　　　　河野重男（お茶の水女子大学教授）

　　　　下河原五郎（東京都立小山台高等学校長）
　　　　千石保（（財）日本青少年研究所長、弁護士）

👀　「第三部会は、その審議事項との関係で運営はどうだったのか」、とのご質問ですが、臨教審は逐次答申方式をとりましたから、審議の準備のためには全体像を考えながら第三部会としては視察・懇談、有識者からのヒアリング・意見交換、委託調査研究など、関係者との公式・非公式な接触を早め早めに行う必要がありました。臨教審の総会や運営委員会（編者注：運営委員会には、臨教審全体の審議をリードする役割がありました）、他部会との摺り合わせでも、当然、有田部会長と齋藤部会長代理が説明役・質疑での応答者になります。そうしたなかで、齋藤さんは個人的な勉強会として「教育問題懇話会」を設けたようです。そうしないと、対応できなかったからでしょう。ウラ三部会の意識なんて、なかったでしょう。ウラ三部会なんて、他の委員・専門委員に失礼ですよ。勉強会の場所も臨教審の会議室ではなかったようです、第三部会の事務方も職務として関わることはなかったようです。とにかく、有田さん、齋藤さん、超エネルギッシュ、超パワフルだった、とのことです。

◇　◇　◇　**教育問題懇話会とは？**

👀　「教育問題懇話会」のスタートは、第三部会の第一回会合（昭和59年11月14日）から一月も経ていない12月の初旬らしいです。代表者は、河野重男さんです。真野宮雄、諸沢正道、岩崎三郎、奥田真丈、川野辺敏、児島邦弘、仙崎武、藤田昌士、谷口琢男、新井郁男の各氏などが出席しています。齋藤正さんが実質的なヘッドの部分があったかもしれません。「ミスター教科書」の諸沢さんがメンバーになっていますから。諸沢さんは、「義務教育諸学校の教科用図書の無償に関する法律（昭和37年法律60号）」および「義務教育諸学校の教科用図書の無償措置に関する法律（昭和38年法律182号）」の制定時の教科書検定課長です。そのしごとぶりについては、日曜日にしごとがあったときのことですが、ある職員が前から予定していた富士登山の日だったので、休んだそうです。　諸沢さん「富士山に電報を打て」、といってその職員

第7　審議の補完—ウラ第三部会？　教育問題懇話会

を呼び戻そうとした、との伝説のあるひとです（エッ、富士山の何処あて
に？）。懇話会のテーマにより、今野喜清先生（青山学院大学）、耳塚寛明先
生（お茶の水女子大学）も参加を求められたそうです。初等中等教育局の教
科調査官、大臣官房調査統計課の外国調査の担当者も説明を求められたそう
です。テーマは、外国の事情まで広汎にわたっていましたから。懇話会の開
催は土曜日の午後でした。諸沢さん「土曜日の午後9時だというのに、まだ
終わらない、人使いが荒いぞ。こんなこと、経験したことないぞ。」、と懇話
会の世話方をからかっていたそうです。齋籐正さんは、市ヶ谷の教科書セン
ターにも足を運んでいたそうです。教育問題懇話会の会合は、臨教審の第三
次答申が出るまで、30回以上開催されています。ただ、そのメンバーからみ
て、中教審と大差のないことになった、との見方ができるかもしれません。
河野代表の懇話会は、研究報告書をまとめています。昭和59年度の報告書
は、『昭和59年度　日本の公教育制度に関する総合的調査研究』（昭和60年3
月）です。

◇　◇　◇　**第三部会と文部省初等中等教育局との関係は？**

👀　初等中等教育を担当する第三部会の話題が出ましたので、関連して質問
します。「第三部会と、その審議事項と関わる文部省の初等中等教育局、教
育助成局とはどういう関係だったんですか、第三部会の主任調査員がどうし
て初等中等教育局からでなく文化庁からなのか」、との声もあったらしいで
すね。本人は、文部省入省直後は初等中等教育局にいたらしいですが、その
後は初等中等教育局から離れていたので、「エッ」、と思ったらしいですね。
文化庁ですから、臨教審とは全く無関係で、臨教審の審議状況、第三部会が
何をするのかもほとんど知らなかったようです。臨教審の事務局での異動の
あいさつのときには、「文部省に入ったのに、教育改革を行う臨教審の事務
局メンバーから外れ、さみしい感じもしましたが、臨教審事務局がスタート
しそのメンバーから外れてホッとしていました。」、といったそうです。結果
的には、「初等中等教育局」の意向は、反映されにくくなったかもしれませ
んね。

👀　有田第三部会長は教育がフィールドですが、第三部会の事務方には「教

109

育系」はいませんでした。他の部会の主任調査員は、高等教育担当の第四部会を除くと、教育系でした。それまでの第三部会の事務方は、法律系でした。教育系がいなかったということでしょうか。臨教審の事務局の構成を全体的にみると、「教育」系が多かったですが、それは審議テーマ・審議スタイルによるものでしょう。この発令は、単に文部省の「年次」と「教育」系分野の関係でしょうね。ただ、第三部会の事務担当者が初等中等教育局べったり、というのを避けたのかもしれません。

👀 臨教審と文部省との連絡は、難しいところだったでしょう。総会・部会の前に、場合によっては案が漏れる（？）ということですから。初等中等教育局は、自由化、規制緩和、特に「教科書制度」に関心があったようですから。“注文”があったかどうかは分かりませんが。

　自民党の文教族と第三部会の関係は悪くなかったでしょう。昭和60年12月10日に、文教族が激励の趣旨で懇談しています。有田第三部会長などが上座に就いています。有田さんは自民党文教族OBですから、敬意を表したのでしょうけれども。パブリック・マインド、郷土愛・伝統文化の大切さ、初任者研修制は賛成（ただし、新任教員を辱めないように配慮して）、教員養成は師範型の長所は取り入れるように、外国人の外国語担当教員は賛成、有田さん提案の教員適格審査会の設置は屋上屋（ただし、今の時点で下ろすと渦む、教育委員会の活性化方策のなかで対処を）、教員養成・教員の海外派遣・「道徳教育の教師」には賛成、とのことだったようです。森喜朗元文部大臣は、出席していましたが、終始黙っていたそうです。おそらく、立場上、ご自身の考えは言い難かったかもしれません。

👀 マスコミに対する臨教審の会議終了後の会長・部会長の会議内容の説明のやりとりでは、話題に上らないことも結構あるみたいですね。このテーマは、このくらいにしましょう。

第8　第一部会と第三部会の対立？

◇ ◇ ◇ 教科書制度改革の摺り合せ

👀 「自由化」のような理念レベル・抽象的な議論のときには、第一部会と第三部会はあたかも対立しているかの如く伝えられましたが、「具体的なしくみ・制度のレベルになると、一致点はありますよ」との見方する委員がおりました。結果としては、ほぼその通りになったようです。それをどのように評価するかの問題は、残りましたが。

👀 第一部会と第三部会が生涯学習の第二部、高等教育の第四部会と考え方が異なることは、その審議内容からみて、ほとんどありませんでした。初等中等教育については、これまでとは異なる具体的な考え方、選択肢の模索が必要ということになったようです。

👀 第一部会と第三部会の見解の大きな相違は、教科書制度・教科書検定のしくみについて、でしょう。「教育改革に関する第三次答申」（昭和62年4月1日）は、「教科書」を提言しています。答申を決定した総会では、教科書問題はあまり論議されなかったようです。その前に、調整を済ませていたからでしょう。

👀 昭和62年の年明け早々、事務局では第一部会と第三部会の関係者が審議の整理と論点整理に入ったようです。2月になると、第一部会の天谷直弘さん、香山健一さん、第三部会の有田一寿さん、齋藤正さんの四氏が教科書制度全体について意見を交わしているようです。

◇ ◇ ◇ 石川忠雄運営委員会委員長の調整

👀 四氏による論点整理と摺り合せは、石川忠雄運営委員会委員長のもとで行われています。高石邦男さん、齋藤諦淳臨教審事務局次長が出席することもあったようです。　そうしたプロセスを経て3月10日にも会合が持たれています。その終了後に石川先生は報道関係者に教科書問題の全体構造を明らかにしながら、検定の公開性、検定周期、検定基準（簡素化・重点化）、文部大

臣の裁量権の扱いについては合意した、と説明しています。

👀　合意に至らない事項としては、文部省と教科書会社との事前のConsultingと検定のJudgmentのあり方、教科書の採択理由の周知などを挙げていました。石川委員長は、その後も精力的に動かれたようです。

◇　◇　◇　　教科書検定の透明性・簡潔性

👀　そのうちの教科書検定制については、透明性・簡潔性の観点からの議論です。第三次答申は、この観点からまとめられています。財政的観点からの義務教育教科書無償の問題は、すでに臨教審では決着していました。自民党の文教議員も一致して無償の結論を出していました。

👀　第一部会では、教科書「認定制」の議論もありました。また、ある委員は高校の数学・理科などについては検定制が必要なのか、疑問を持っていたようです。後に文部省の教育内容の分野の初等中等教育局審議官になり、その後に民主党の議員に転じた中島章夫さんは、国会議員になってから高校の一部の教科については検定制の検討も考慮すべきとの趣旨の発言をしています（詳細は、文教委員会議事録をご覧ください）。

👀　臨教審のころの教科書検定というと、昭和57年の「侵略・進出問題」と中国・韓国からの抗議、昭和61年の日本の文化・歴史・伝統の重視、神話の復活、教科書検定の結果が出る前に朝日新聞にスクープされた『新編日本史』問題、同年7月に文部大臣に就任した藤尾正行氏の日韓併合をめぐる発言、そして9月の藤尾文相罷免と、日本史の問題が取り上げられます。「社会」・「日本史」などは必要でしょうが、「音楽」、「美術」、「理科」、「技術・家庭」などの教科については一律に教科書検定がいるのかどうか、の意見もあったようですね。

👀　具体的課題としては検定の果たしている役割ですが、教育の機会均等の確保・学習指導要領との関連、児童生徒の発達段階からの教育内容の適正性の確保、義務教育教科書無償措置などとの関連で、それらをどの段階でどのように配列するかなどの問題があったようです。これらは、教科書検定自体の問題というよりも、学習指導要領、義務教育教科書無償措置の問題としての整理が必要だったのかもしれません。

第8　第一部会と第三部会の対立？

👀　教科書の編集、検定、供給、学校での使用のサイクルについては、実際の使用の状況を次の編集に反映させるようにするとのことで1年延長されましたが、対立するような問題ではありませんでした。

◇ ◇ ◇　「教職」の考え方、実践的な初任者研修制の提言

👀　臨教審では、具体的な施策になると、それまでの施策の枠組みとは異なる柔軟な思考が見られます。教員の資質向上でもあります。臨教審の設置のころでも、教員養成課程の修業年限は四年でなく、修士課程を含めた延長論がありました。臨教審は、戦後の「大学における教員養成」を柔軟に考えました。「教員養成・免許」、「採用」、「研修」の枠組みを破っています。「教員養成・免許」、「採用」、「研修」を一体的に捉えました。そのひとつが教職生涯における支援の観点から教員のスタート時の「初任者研修」です。子どもと触れ合いながら理論と実践の結合（具体的な場での指導力の向上）、社会体験の拡大、組織活動・集団生活の秩序・訓練を考えたようです。初任者研修制度発足の当初に実施された海外視察、船旅での集団生活もそうしたことからです。初任者研修制度は正式採用、条件付き採用期間、一年間の研修が基本線になり、実質的に教員養成は五年になったとみることができます。

👀　初任者研修制度と「特別免許状」の創設については、戦後の教員養成の三原則（大学における教員養成、免許状主義、開放性）のうち大学における教員養成の原則を崩す、として反対したところもあったようです。

👀　教員の処遇・資質向上策を検討するときに留意すべきことは、戦後の学校制度のもとでは教員数が著しく増えたことです。当然、教育財政と関わります。公立義務教育諸学校の学級編制及び教職員定数の標準に関する法律（昭和33年法律116号）、公立高等学校の適正配置及び教職員定数の標準等に関する法律（昭和36年法律118号）、それに伴い地方交付税法で教員定数の基準に財政的裏付けがなされるようにはなりましたが（「第9 臨教審における教育財政の論議は？」を参照してください）、それ以外にもあります。「田中角栄首相と教員給与の改善・人確法の制定」で述べましたが、教育職員免許法については、制定当時の教職員養成課長の玖村敏雄さん（後に山口大学教授に就任）は、開放性と専門性の向上を目指したようです。教職は専門職か否かの

113

議論は、平行線のままでしたが。教職入職の際の免許資格は最低基準とし、取得しやすく採用予備軍を大きくし、そして現職教育でその資質を伸長し上進の道も開くとのことでした。こうした開放性には欠陥・不満もあり、やがて「教職課程の認定制」の導入になります（しかし、実態はどれだけ変わったか、の疑問がありますが）。また、ベビーブームの谷間のときに養成の二年課程を四年にし 教員養成大学の充実に努めたようです。臨教審でも、認定基準のアップの議論はありましたが、反対論もあったようです。

👀　有田さんは教員の資質向上策のなかでは初任者研修制度を重要課題と考えていたようですが、当時の文部省の教育助成局長は初任者研修制度の創設に反対でした。昭和50年代前半からの主任制・主任手当の導入の混乱がまだ続いており、さらに初任者研修制が「試補制」の導入と受け取られることを懸念したからでしょう。しかし、教員の資質向上策の代替案は文部省から出ていません。有田さんは、予算面は自分が対応する、法制的な面は答申後の実施も含め万全を期すよう主任調査員に指示していたようです。有田さんは、財政措置については、保田博さん（主計局次長。後年 主計局長、事務次官）、武藤敏郎さん（主計官。後年 主計局長、事務次官）と会っているようです。その際、大蔵サイドからは、初任者研修制度、徳育については理解が示されたようですが、初任者研修期間の短縮（1年間を1学期間とする）、その指導教員・補充教員として定年退職した教員の再雇用、地方公共団体の一部負担についても出たようです。義務教育教科書については貸与制の検討も出たようです。さらに、臨教審の提言は優先順序・濃淡のあるものにしてほしい、と。大蔵省は「スクラップ アンド ビルド」の原則にこだわったようです、当然でしょう。有田さんは、「財政措置の観点から手の届く範囲のところで答申したい」（教科書問題を考える議員連盟 第2回総会（昭和60年12月10日）での発言）とのことでしたが、初任者研修制度は何としても実現すると意欲的でした。それは、その提言が極めて具体的な制度設計をしていることからも分かります。単に、その方向性を示すに留まり、政府内の調整に任せると、その目的が達成されないことを懸念したからでしょう。

👀　初任者研修制については、文部省も反対論だけではなかったようです。答申後に、定期異動で交代した新教育助成局長は、これを制度化する法律案

が可決され国会から文部省に戻ったときに、教育助成局の職員に拍手で迎えられたそうです。そのとき、思わず涙が出たそうです。「しごとで悔し涙を流したことはこれまであるけれども、うれし涙を流したのは今日がはじめてだ。自分が、本当に実現したかったのは初任者研修制度だったんだ。」、といったそうです。

👀　臨教審のころは、大学の教員養成課程の在籍者は、一学年5万人ほどでした。年間の教員採用者数は2万人～3万人です。実践的な教員養成教育ができる大学側の教員はどの程度いるのか、中学校・高等学校の免許状取得希望者は教職については二次的希望が多い、教育諸科学が未成熟で現場とのつながりも弱い、関係者が多く議論だけでなかなか意見がまとまらない、ということもあったようです。戦後、教育職員免許法が教員免許状の「上進制」をとったのは、こうしたこともひとつの理由かもしれません。問題は、財源でした。大蔵省は、初任者研修の期間は一年間でなく、一学期間にしようとしたようです。教員の定年を60歳、その後三カ月を再雇用期間とし、その期間を初任者研修の指導教員ないし補充教員に充てることを考えたようです。「スクラップ　アンド　ビルド」は、維持です。政府の予算編成の方針ですから。

👀　臨教審の提言は、導入の段階ですでに変容しています。非常勤や私立学校の教員は、初任者研修制からは除外されています。最近は、非常勤の教員の割合が高くなっていますから、教員のレベルは問題でしょう。「初任者研修制」と絡んで「試補制」が云々されましたが、臨教審は「試補制」は完全否定でした。いろんな分野で「試補制」がなくなる社会でそんなことをしたら、教員によい人材は集まりません、人確法で教員の給与水準が上がったんですから。そういう状況では、やはり初任者研修制の創設でしょう。また、大学における教員養成の短所・学校や教員の閉鎖性を打ち破るために、学校以外での職業・生活経験を有する社会人を活用する「特別免許状」を設けました。「文化と教育に関する懇談会」報告や京都座会「学校教育活性化のための七つの提言」を意識したわけではない、と思いますが。特別免許状は、あまり普及していないようですね。

👀　中教審は、後年、教員免許状の基礎レベル（標準レベル）を「修士レベ

ル」にするとの提言を出しました。が、そうすることにより、かえって教員のレベルが低下しないか、政策の合理性・効率性・実現性は？　都道府県教育長協議会は反対しましたが、中教審・文部科学省はどのように考えたのか？

◇　◇　◇　**教員免許状の修士レベル化の答申は？**

👀　平成24年8月28日の　教員免許状の「修士レベル」化の中教審答申「教職生活の全体を通じた教員の資質能力の総合的な向上方策について」は頓挫しましたが、この件は文部科学省の教員政策に疑問を生じさせました。「修士レベル」化により具体的にどのような課題を解決しようとしたのか、修士レベル化の実現性は？　修士レベル化の疑問の一つは、教員養成の大学院と教育実践の場である学校・教育行政との隔たり、つまり教員の養成と採用・研修の人事行政の二分化が拡大します、教職課程の大学院の定員管理と教員採用をどのように調整するのか、特に専願志望でない中学校・高等学校の教員について、です。戦前に師範学校が府県立から「専門学校程度」になり官立となり、教員養成機能と教員行政が別々になりました。府県立のときでも、師範学校卒業者の占める割合は全体の半分ほどでした。養成と採用をどのように調整するのか？　二つは、必要な修士レベルの教職課程を大学で整備できるのか、学生数、大学側の教員・施設、事務職員などの確保、それに要する大学の経費負担です。三つは、公財政の問題です。修士枠増による大学の負担、学生の修業年限増にともなう授業料や生活費などの負担増に対する支援などです。四つは、教員に採用されなかったとき、です。二年遅れて四大卒と同じレベルで求職することになるのでしょうか。五つは、教職をそこまで魅力あるものにするための対策です。職務内容、勤務時間、研修、厚生・福利、給与・退職手当を含めて教員の給与水準、教職生涯賃金等です。

👀　そうした課題以前に、中教審、文部科学省教職員課は、教員免許状のしくみ、大学の教職課程の修士課程のレベル・状況をどのように理解し評価していたのでしょうか。戦後の教員免許状制度では教職入職後の研鑽・啓発による専門的能力の向上の期待、現場主義を重視して「上進制」をとりました、適格な必要教員数の確保の困難さが予想されたからでしょう。実際、教

員低学歴やデモシカ先生の時代もありました。今日も教職が魅力のある職なのか？　非正規の教員も増えています。教員採用試験の倍率の低下、採用水準の低レベルを指摘する人もいます。実際の教職課程の修士課程の現状をどのように理解していたのか、定員割れのところもあります。そのレベルは、マチマチでしょう。非正規教員の大多数は、教員免許状は取得していますが、教員採用試験の不合格者です。大学による教員養成は、実際には崩壊しているかもしれません。必要な一定の水準に達しているのか、その把握は困難です。教員の供給（養成）・需要（採用）は分離しています。他の多くの国家資格と同様に、国による資格試験制度を導入せよ、との意見もあったそうですが、文部科学省は"中長期的な課題"にしたい、と答えたそうです。霞が関文学では、それは「No」の意味でしょう。

👀　文部科学省・中教審は、こうした問題にどのように取り組むつもりであったのか。法科大学院の見込みちがいの例もあります。中教審46答申の学校制度改革・先導的試行もウヤムヤになりました。一時的な政策や"理念論・あるべき論"だけでなく、ある程度抽象的になるかもしれませんが、政策目標、その実現のための具体的施策群・その順序を示すことが必要かもしれません。また、教員免許状の修士レベル化が失敗した後のこの分野の政策は、どのようになっているのでしょうか。政策官庁としての機能の強化のためには、文部科学省の専門的知識・行政的実務能力が求められ、それをベースにした政策研究が必要ということになるのでしょうか？

◇　◇　◇　**臨教審（特に第一部会・第三部会）、首相の諮問機関としての役割は？**
👀　「臨教審には、自由化の程度の問題はありましたが、「自由化」に与する委員・専門委員もいたようです、「学校」のしくみ・学校教育の荒廃についてどう考えたのか、また、ほかの理由から教育行政・教育財政については、具体的な動きはあったのか」、とのことですが、このことについては、次のようなことだったように思います。

　一つは、臨教審の失敗の一因との見方もあるようですが、審議体制が文部省の組織と対応していたため、それを超えた自由闊達な議論があまりなかった、基本的には既存のフレームワークでの点検・評価になった、との見解で

す。たとえば、臨教審のころに発生したある事件の背景には、家庭の経済的・社会的・文化的な問題（母親の就労問題、家庭崩壊・家庭の"変質"など）がありました、それを超えて急激な人口増加・都市化、開発行政と地域・地域社会の変容・新興のコミュニティの問題、児童委員・児童相談所、民生委員などの対応の問題がありました。臨教審は総理大臣の諮問機関でしたから、文部省、厚生省、建設省、警察庁、法務省、労働省、総理府などが取り組むべき問題だったと思います。第三部会は6省庁からヒアリングしていますが、貧困児童・生徒に対する学習支援やいじめ・自殺、卒業生との繋がりの遮断を含む生徒指導の観点に留まったように思います。臨教審としては子どもを取り巻く環境の悪化や崩壊をどう防ぐか、どう立て直していくか、を広い観点から取り組むべきだった、との意見もあったようです。

　二つは、"学校"のしくみについての議論が中途半端だったかもしれません。臨教審が生涯学習社会の構築を提唱するならば、従来の「学校教育観」、「学校・学校歴」、「年齢主義」から離れて議論すべきだったのでは？　これは、「第6　審議の補完—ウラ第三部会？教育問題懇話会」の「中学校卒業程度認定試験」の実施、就学義務偏重の是正？」と関わりますが。

　三つは、戦後の教育行政は、教育委員会制度が発足し閉鎖的です。縦割りです。こうしたことは、文部省の審議会では検討されないでしょうから、臨教審では総合的、横断的な問題として検討すべきだった、のでは？　「第11　政策官庁としての機能の強化（その2）—　道、遥か？」の「教育行政・教育界のガラパゴス化？」問題ですが。

👀　教えるもの・与えるものが過剰、獲得するものは過少で、子どもたちはむしゃくしゃ、いらいらしている、何が不満か分からない、と負の現象の一面をそう説明する専門委員がいたようですが。後年ですが、「ゆとり教育」が導入され、PISAなどの国際比較の結果から学力低下論が生じました。その後、脱ゆとりの教育となり、学力が向上したといわれますが、かつて消化不良、落ちこぼれ、その他の臨教審の頃"負の現象"といわれた状況は、今は改善されたのでしょうか。

👀　文部科学省は学力調査やPISAの結果については説明していますが、臨教審の答申後、毎年「白書」を刊行するようになってからは、「学び」・「教

育状況」を全体的・経年的に分析しフォローし、発表することについてはどうなっているのでしょうか？

👀　第一部会、第三部会そして臨教審では、学校教育の年齢主義・年数主義、学校の課程修了・卒業認定主義（大検（高卒認定制度）・中卒認定制度の拡大）、パートタイム・ステューデントの拡大、情報化ツールの多様化と活用、社会の流動化への対応など、硬直的で固い学校制度の柔軟化、教育機会の拡大を検討してほしかったと思います。臨教審の答申でスタートした学位授与機構は、その拡大的運用に努めてほしいですね。教育義務、到達水準主義、公的な試験制度の検討も含めてです。

👀　臨教審は自由闊達な議論といい、また広報誌『臨教審だより』（第一法規刊）を発行し広く意見を求めましたが、臨教審内での議論・意見は、どうだったんですか？

　初等中等教育の分野では第三部会長代理の齋藤正さん、高等教育の分野では第四部会長の飯島宗一さんと正面から議論・意見交換できる委員・専門委員はいなかったのでは？　　その意味では、お二人は「臨教審」としての提言をまとめるのにご苦労が多かった、と思いますが、それまでのフレームワークを超える観点からの意見ということになれば、別の見方があるかもしれませんね。

第9　臨教審における教育財政の論議は？

◇ ◇ ◇　土光臨調と臨教審

👀「臨教審は土光臨調の直後でしたから、一部には臨調の「教育版」、「教育臨調」との見方もありました、臨教審は教育財政・教育予算をどのように考えたのか」、とのご質問ですが、教育予算の縮小をめざしたというのは、正しくないでしょう。それは、中曽根首相の諮問・あいさつ、「文化と教育に関する懇談会」報告、藤波官房長官の説明や当時の各団体からの提言などからも理解できると思います。

👀　瀬島龍三さん、金杉秀信さん、屋山太郎さん（専門委員）は第二次臨調で重責を担いましたが、臨教審の役割は異なりますので、教育財政の緊縮の観点から教育改革を議論することはありませんでした。土光臨調の第四部会長だった加藤寛さんは第一部会でヒアリングされていますが、求められたテーマが異なりますので、土光臨調の立場に立つことはありませんでした。加藤先生も大学と深い関わりがありました（臨教審時は慶應義塾大学経済学部教授。その後総合政策学部長、後年は千葉商科大学長、嘉悦大学長に就任。また、昭和40年1月に起こった慶大生の授業料値上げ反対全学ストライキもご存知だったと思います）。すでに触れましたが、第二次臨調の土光敏夫会長は橘学苑に情熱を傾け、中山素平さん・有田一寿さんも教育実践と深く関わっていました。臨教審における教育財政の論議と臨調答申の関係については、後述の瀬島委員の回想録からをご覧ください。

◇ ◇ ◇　踏み込み不足？　臨教審の教育財政論議

👀　臨教審の教育財政に関する審議・答申をどうみるか、踏み込み不足とみるか、そうでないとみるか、です。臨教審が教員の資質向上をテーマにしながら、教員の給料・手当を検討課題として取り上げていません。当時は教員処遇の改善が進んでいたことが理由でしょう。今日の状況とは、異なります。坂田道太文部大臣は、昭和46年7月7日に高見三郎氏（天王寺師範学校を

出て、その後に役人を経て国会議員へ）と交代します。私立大学に対する経常費の予算補助の開始・「日本私学振興財団法」（編者注：「第11　政策官庁としての機能の強化（その2）—　道、遥か？」のコラム6は、このときのことです）、「国立及び公立の義務教育諸学校等の教育職員の給与等に関する特別措置法」の成立は、坂田文相時代です。その後は、若手の時代になります。西岡武夫文教部会長のもと6つのプロジェクトチームが設けられ政策研究が活発になり、後任の藤波孝生文教部会長の時代とともに議員立法が盛んになります。「義務教育諸学校等の女子教育職員及び医療施設、社会福祉施設等の看護婦、保母等の育児休業に関する法律」・「私立学校振興助成法」が制定されます（「第6　中教審「46答申」は"歴史的遺産"？」を参照してください）。議員立法ではありませんが、文教族の活躍により「学校教育の水準の維持向上のための義務教育諸学校の教育職員の人材確保に関する特別措置法」が成立しました。昭和40年代後半は、私立大学に対する経常費の予算補助が実現しています（また、「公立義務教育諸学校の学級編制及び教職員定数の標準に関する法律」（義務教育標準法）、「公立高等学校の設置、適正配置及び教職員定数の標準等に関する法律」（高校標準法）による学級規模の縮小・教員の定数や配置率の改善が年次計画で進んでいました）。臨教審の設置の時期はこれらの政策効果を受け、教員処遇にとっては良い時期でした（編者注：西岡氏・藤波氏が自民党文教部会長の時期は、以上のほか、議員立法により学校教育法の改正（「専修学校」制度の創設）、「文化財保護法」の改正（民俗文化財・埋蔵文化財・伝統的建造物群・文化財保存技術保護の制度の創設。文化財保護法の改正は最終的には衆議院文教委員会提出法案となりましたが）を行っています。岩間英太郎氏は、監修木田宏『証言　戦後の文教政策』（第一法規　1987.6）の「第二章　教育行政の基本」の「7　人確法」において、当時の自民党文教関係議員の活動・活躍ぶりを紹介しています）。

〈コラム3　学級編制の基準・教職員定数の改善について〉

　　義務教育標準法および高校標準法は、それらの学校種の学級編制と教職員配置の適正化をめざしたものです。「すし詰め教室」の解消でした。昭和20年代後半のことですが、産業教育振興法・理科教育振興法・学校図書館法・へき地教育振

興法・学校給食法が制定されました。これにより、教育条件の改善を目指し整備基準を示し国庫補助がスタートしました。

　学級規模の基準については戦前にもありましたが、府県の教員の配置基準には開きがあったようです。戦後、ベビーブーム世代が昭和28年から小学校、35年から中学校、38年から高校就学の時期となります。児童・生徒数が大きく変動し、教員数にも影響することになります。義務教育標準法制定は、地方財政の悪化・再建のもとで教員定数の悪化が背景といえます。法律的根拠の必要性と国の財政措置の安定性が求められます。一斉授業のところでは、教員定数は学級規模・学級編制と関連します。いろいろの観点から、学級規模の調査研究も実施されました。同法は、まず、学級の児童・生徒数の基準、次に教職員定数の標準、さらにそれらの法律的・財政的裏付けを明確化にし、それらを通して公立義務教育諸学校の整備を進め、義務教育水準の向上を目指す、ということだったようです。その着実な実現を考慮し五カ年の整備計画としました。国の標準には、やや弾力性・幅があります。都道府県は、その標準に基づき基準を定めます。「基準」・「標準」は、バチッとした固定的な決め方ではありませんが、これは地方自治・財政的な裏付け措置を考慮したとのことのようです。一次計画（教育課程や教員の負担量など考慮した合理的な計画ですが、さらに漸次改善できるようにした、"スタート"を重視したとの説があります。50人学級、複式学級・特殊学級・盲・聾・養護学校の基準は、学校施設の整備状況、児童・生徒の現実の収容状況から完全実現を目指しました。教職員定数は、個々の学校ではなく、学校種ごとに都道府県単位に総数を示すことにしていますが、個々の学校ごとの教員数も条文から一応の目安はつくようになっています。

　財政的裏付けの措置については、地方交付税法を改正しました（「義務教育費国庫負担法」でなく、交付税措置です。34年度分からです。それまでの都道府県の教育費の基準財政需要額の算定の測定単位は「児童（生徒）数」「学級数」「学校数」でしたが、「教職員数」の一単位に改めました（この「教職員数」には義務教育標準法で算定される毎年度の教職員定数が採用）。昭和39年度からは、第二次計画がスタートします。45人学級とそれに基づく教職員定数の改善が柱です（なお、このころは義務教育諸学校の教科書無償措置の実現のための法制化のころでした）。昭和36年度・昭和37年度から全面実施の小学校・中学校の学習指導要領に基づく時間数増・教員負担の増加などがあり、教職員の配置率の改善と教

職員組織の充実が図られました。へき地教育の振興の見地から複式学級基準の改善・教員組織の充実もありました。昭和38年度からは、第一次ベビーブームの波が小学校・中学校を過ぎ、児童・生徒数の急減期になります（昭和38年と昭和43年度までに305万人が減少と予測されました。学級数・教員数の減少は、教員の人員整理・馘首問題となります。これを避けるため、標準法の改正が必要でした（第二次計画は、一面では教員の首切り防止のためとの見方もあったそうです。平成になってからの児童・生徒数の減少に伴う同様の問題について、主に非正規の教員の採用・"総額裁量制"（コラム5　参照）の導入で対処したのとは、おおきな隔たりがあります）。もちろん、第二次計画も義務教育水準の一層の向上のための学級規模の適正化を挙げていますが、児童等の減少期が過密学級の減少を含め、同計画の円滑な推進に寄与しました。大学の教員養成課程の四年制化移行もそうでしたが、学校教育人口の急増急減期は財政的、法律的裏付け措置の面で新規政策あるいは大きな施策の実施の絶好のチャンスでもあります。

第二次5カ年計画に続き、昭和44年度からは第三次5カ年計画が、昭和49年度からは第四次5カ年計画がスタートしました。第三次・第四次計画とも、45人学級の縮小には着手していません（単式学級45人の学級編成は10年間の据え置きです）。特殊教育やへき地教育の充実、教職員配置率の改善に傾注しています。

第五次計画は、昭和55年度から始まります。「40人学級」の開始です。この計画の期間は昭和66年までの12カ年です。臨教審の設置期間（昭和59年8月から昭和62年8月まで）は、この計画の進行中でした。1学級当たりの上限が40人ですから、1学級当たりの平均児童数・生徒数は、そのころおよそ32人・38人ほどでした。40人学級になると、さらに縮小することになります。

高校標準法は、義務教育標準法の制定が契機です。全国高等学校長協会や高校関係者からの要望がありました。昭和36年9月、高校標準法を国会提出。2度修正し11月6日公布です。この法律の制定は高校生の急増期に向けてで、高等学校は私学が多く、その反対もありました。高校標準法の対象は公立学校に限定しています。第一次計画は昭和37年度から昭和41年度にかけて実施されました。小規模高校は困ることから（学校規模は本校で300人以上とすることを原則としています。全日制で50人学級（普通科等の基準は50人、工業科は40人です）で6クラスです。高校生の急増と重なっていますので、かなり特例があります。その後、学

校規模は学級編制の基準の改善により270人に改められました。水産高校は例外です）。高校の設置者は、都道府県とするのが建前です。市町村については、政令で人口10万人以上で充分な財政力があるところは高校の設置を認めるとしました。財政的な保証も想定しています。地方交付税により裏付けとなる財源の確保です。教職員定数も同様です。

第一次計画に続いて第二次計画（昭和47年までの7カ年です）がスタートします。学級編制基準は、全日制普通科等50人から45人へ、農業科・工業科は40人に据え置き、定時制の学科は40人に改善されました。盲・聾・養護学校の高等部は10人と規定されました。

第三次5カ年計画が昭和49年度から実施され、第四次計画は昭和55年度から実施されますが、小学校・中学校と同じく12年計画です（高校も、昭和65年度から減少期になります）。第三次・第四次計画では学級編制基準の改定はしていません。習熟度別学級編成など教職員配置率の改善を主にしています。

一斉指導のすし詰め教室（過密学級）では、おそらく一律的な学級編成基準の減少改善が妥当かもしれません。臨教審の第二次答申（昭和61年4月）は、それまでの努力・改善の成果を認めつつ、第五次計画の速やかな遂行を期待し、さらにその完成後について、欧米主要国の教員と児童・生徒数の比率を参考としつつ、児童・生徒数の推移等を勘案しながら、さらに改善を図る必要があるとし、児童・生徒の個性の尊重、それらの者や地域の実態などに応じたきめ細かな教育・指導ができるよう、また、高校については多様な教育課程の展開への対応から、学級編制の基準の弾力化、教職員定数の改善を図ることを求めています。この提言は、臨教審の改革方針の個性重視から、また、当時の児童・生徒の不登校・校内暴力その他の負の現象があるなかでの臨教審の基本的な考えが表われている、といってよいでしょう。

👀　臨教審のころの教育をめぐる情況はどうだったのか？　臨教審のころは大学紛争は終結していましたが、団塊ジュニア世代が中学校段階で学校の大規模化、高校全入問題、教育内容の高度化、児童・生徒の問題行動の多発・低年齢化、都市化・過疎過密、家庭や地域社会の教育力の低下、Out of School Learningへの配慮、教育環境の向上への取り組み・対応が必要であり、それらを教育財政から見る視点は不足していたかもしれません。ある専

門委員やヒアリングでの発言以外には、教育学・教育行政学の研究者・学校関係者からの指摘・提言は、ほとんどなかったようです。

◇ ◇ ◇　教育財政と大蔵省・文部省

👀 「第8　第一部会と第三部課の対立？」で話題が出ましたが、臨教審の提言で財政支出の増大が予想されるものについては、第三部会長の有田一寿さんが大蔵省主計局と話し合っています。そのなかで興味深いのは、国と地方の公教育費の負担、その前提としての教育をどのように考えるか、です。国債残高の増大、増税なき財政再建、「スクラップ　アンド　ビルト」の予算編成方針のもとですが、教育担当の主計官・次長としては教育の振興を図ることは本来の責務でしょう。かつ、臨教審答申は首相諮問への対応で臨教審答申の尊重の閣議決定がありますから、いろいろな情報や意見を収集し可能性を検討し、有田氏とは率直に話し合われたようです。有田氏は、その経歴から見ても分かるように、根っからの教育者で自民党文教族はなやかなりしころの文教部会副部会長をしています。また、企業の経営者でした。初等中等教育の政策課題を明らかにし、その解決のための提言の実現の道筋をつける、そのためには法令措置・財政措置の裏付け・具体性を、ということをお考えだったようです。初任者研修制度にはそれが表れているように思います。戦後の教育政策・教育行政を振りかえると、高度成長期で財政にいささかの余裕のあるときもありましたが、建設国債・特例国債の発行、二度の石油危機、累積国債残高の増加、行財政改革の必要性のなかでも、地方財政の状況を踏まえながら教育課題への対応策を考えたように思います。その柱として、国の主導性と責任、解決の緊急性等の観点から、地方公共団が実施主体になる場合であっても、法令上および財政上の措置を重視しています（編者注：思いつくまま順不同ですが、例示しますと、「学校教育の水準の維持向上のための義務教育諸学校の教育職員の人材確保に関する特別措置法」、「国立及び公立の義務教育諸学校等の教育職員の給与等に関する特別措置法」、「義務教育諸学校の教科用図書の無償措置に関する法律」、「公立義務教育諸学校の学級編制及び教職員定数の標準に関する法律」、「義務教育費国庫負担法」、「義務教育施設費国庫負担法」、「就学困難な児童及び生徒に係る就

学奨励についての国の援助に関する法律」、「へき地教育振興法」「産業教育振興法」、「私立学校振興助成法」（議員立法）、「日本私学振興財団法」などがあります）。有田氏は、初任者研修については法令措置の検討は第三部会担当の調査員に指示し、財政上の措置および他の関係者との調整は自ら動いていたようですね。

👀　政府・大蔵省の予算編成の考え方・方針は、臨教審事務局には大蔵省からの出向者から説明されていたかもしれませんが、おそらくそこには臨教審とは隔たりがあったでしょう。文部省が内閣総理大臣の諮問機関である“臨教審”を利用してどのようにシーリングを突破しようとしたのかは、分かりません。関係者の“聞き書き”では、確認できませんでした。

👀　膨張している国債残高、財政危機・財政破綻の回避がいわれるなかで文部（科学）省首脳も、「教育論なき財政の論理」というだけでなくて、教育行政当局も財源調達の方途を模索したらどうか、との意見は臨教審当時もあったようですね。

👀　文部省は、教育の負の側面、教育荒廃、生涯学習社会の構築、情報化・国際化への対応、やがて到来する児童・生徒・学生の急増・急減の問題にどう対処するつもりだったのか？　秋季入学の導入や義務教育年限の延長は、児童・生徒・学生数の急減期こそ財政負担が軽くなるチャンスだったのでは？　文部省、そして臨教審の事務方の教育の現状の認識、政策課題意識はどうだったのか？　その後の「経済財政諮問会議」の横断的・横串しの構造改革や政策責任者の直接的な討議の展開から振り返ると、文部省、臨教審への出向者は文部省のあのレンガ造りの建物のなかで通用する教育論に終始するだけでなく、必ずしも文部省に親和的とはいえない委員・専門委員からも何かを得るべきだったのでは、と思います。

◇ ◇ ◇　**教育財政の効率化・合理化**

👀　歳入を図ることは、教育財政でも検討すべきでしょう。独立・固有の収入、その他歳出の方法も検討し、合理化・効率化を試みたらどうか？　例えば、文部省所管や地方公共団体の教育文化などの資源の活用を図れば、独自の歳入増になるのでは？　国立大学が法人化してからは、なおさらです。臨

教審のころでも、高等教育機関の研究・教育の資源・成果を活用したり、有償売却したりして歳入増を図ることは可能でした。そのころは、国立大学の会計は一本でしたから、文部省が取り組めば。例えば、演習林、海洋資源、運動施設・芸術文化施設など国有財産の有効活用・不要の財産の売却などです。人的な教育・研究資源の活用も、です。地方公共団体でも同様なことは可能でしょう。また、「スクラップ　アンド　ビルド」を活用し、教育財政のなかでの自由度を高めることです。「教育交付税」化（教育分野の交付税制度です）は、その方策になるでしょう。集中・効率化、有効活用により無駄を省きコスト削減を図り、その分は教育の他の分野・事業に充当する、「学校教育」「社会教育」「文化活動」などの区別を超えて、です。そのためには、文部省内の分野別タテ割りを縮小すべきでしょう。教育分野だけでなく、「子ども」に着目すれば、厚生分野との提携も可能になる部分があるでしょう。コミュニティ、地方分権に視点を移すと、新たな視点が生まれるかもしれません（編者注：臨教審の設置時でも、すでにK市には障害者に係る医療・教育・養護・労働の分野を包括し一元的に行う総合センターが設置されていました）。

👀　「臨教審では、どのように考えられたのか、アメリカのハイスクールの時間帯別利用時間表を示して問題提起をしたのか」、とのご質問ですが、意見はほとんど出なかったようですね（編者注：米国のあるハイスクールを訪ねたときに見せられたその学校の「時間帯別利用時間表」が話題になったようです。その学校は「コミュニティの施設」として生徒だけでなく、成人も含めて多目的に活用されていました。学校教育優先ですが、夜間・休日などは、生徒に限らず文化・芸術、運動など広く利用できるようになっていました。「The District of Education」では経費の負担者が地域住民・Tax Payerですから、それぞれの専用施設をつくると、自分たちの税負担が増えますから、当然、低コスト・効率的使用を図ることになります。臨教審のころ我が国では、歳入は地方と国は2：3、歳出は3：2でした）。

　意見が出なかった大きな理由は、臨教審の多くのひとは「カネよこせ」的で、財政的な危機意識がなく、問題意識がなかったことでしょう。次に考えられるのは、行政経験のある委員・専門委員にとっては、それは臨教審の

テーマを超えるのではないか（「財政制度等審議会」の所掌との考えでしょうか）？　あるいは、あらかじめ関係省庁と調整しないと責任を持った発言ができない、ということだったかもしれません。いずれにせよ、記憶に残る議論はなかったそうです。

👀　事務局としてこうしたことに取り組んでいれば、小泉政権下での経済財政諮問会議、三位一体の改革の「思考訓練」・「予行練習」になったかもしれません。公設民営化の大学など地方交付税の積算化、昭和50年代半ば以後の定年制と再雇用制など人事面の活用など、教育行政も他の分野と協力連携しながら改革が要請される状況になっているのかもしれませんね。

👀　生涯学習社会・成熟化社会・長寿化高齢化社会、流動化・国際化、IT化などの情報化などを背景に、国・地方公共団体・個人の役割・責任の問い直し・政策課題の再設定が必要で、教育財政でも予算要求・予算折衝を通じて文教予算の増額を図ることだけでなく、教育・研究資源などを活用し教育分野のニーズに充当する方法を探る、ということでしょうか。臨教審事務局には、大蔵省その他の省庁からも出向していましたから、教育財政を幅広く議論できたでしょう。「第8　第一部会と第三部会の対立？　臨教審、首相の諮問機関としての役割は？」の問題意識と重なるかもしれませんね。

〈コラム4　臨教審における教育財政の論議〉

　　教育財政・教育費の問題では、第一部会は一橋大学の石弘光教授からヒアリングをしています。税は公共サービスの基盤でありその財源は国民が負担するという税体系のあり方の観点から説明していますが、政策と「市場原理との関係」にも触れています。

〈資料13　石弘光氏「教育と財政について」序「財政学的アプローチ」臨教審第一部会ヒアリング（昭和61年7月15日）から〉

＊big governmentと教育……国際比較　（merit good、income maintenanceが増大した。）

＊「純粋でない公共財」（impure public goods）としての教育……民間でも供給可能（中間財・混合材）。パイ（π）の大きさではなく、中での配分が問題。

（例）<u>防衛</u>……全体（外部性）、均等に配分。<u>福祉</u>……特定的welfare state
<u>教育</u>……義務教育はより公共財、高等教育はより個別に利益が発生
する。より個別に利益が発生するものまで税金を使うこと
については合意があるかどうかの問題になる。教育は受益
者がはっきりするが、防衛はそうではない。

＊市場原理との関連……費用・便益の対応（防衛……市場で売買できない、税
金。　教育……impure public goods）
①　ムダ：コストの増大　　②選択の範囲の縮小
個別の利益　→　値段をつける市場　→　受益者負担　　限られた
資源を有効に活用　　受益者が拡大するほど見直しは難しい。

＊税制改革と教育
教育減税（教育控除）シャープ税制のころは　3 or 4（臨教審のころは
20以上）　教育控除の対象と範囲　他の政策での対応は？
所得税と消費税の長短

＊むすび
最後は国民の選択……どう負担して公共サービスを向上させるのか。租
税負担率36％（当時）、欧米よりも低い国民負担率。

（質疑応答）　税金は集めて大きく使う、小さく使うものは税金でなく。個々
にいくものは価格がでる。教育の方が、福祉・保健よりも公共性が高い？
奨学金でなく、一般的な所得補償がbetter。科学技術の振興は外部性の観点
から。教育費の家計負担は、なぜ、控除できないのか（例　医療、職業訓
練）。生涯教育（大企業は控除、それ以外および家計は非控除）。
経費の投資的効果　→　returnの問題．　Tangible…道路、Intangible
国と地方の負担（教育福祉はlocalities）

　石教授の説明後の質疑応答では、第一部会などのメンバーからは、教育は公共
的性格を持ちながら私的サービスの性格を強める、Minimum requirementがで
きれば選択的になる、より自由に選択的拡大が向かう方向、高等教育については
国民経済のなかでの資源配分の問題として教育を考えることが必要、文教予算・
財政をことさら重視するのは非建設的、将来方向を示しながら着眼大局観は臨教
審、小局は専門審議会で、との意見があったようです。

◇ ◇ ◇ 秋季入学と教育財政

👀 秋季入学については、お金がそんなにいらないとの意見があったようですが、財政との関係は次のように考えられたようです。

　秋季入学はその適用の範囲・方法にも拠りますが、その影響・財政負担は大きくなります。秋季入学については、会長代理の中山素平氏を座長とするプロジェクトチームで検討されました。第四次答申（最終答申）をご覧ください。大学レベルだけなら対応策はいろいろ考えられますが、臨教審では国際交流や帰国子女などの問題もあり高校以下を含めて導入せよ、との意見もありました。小学校段階から考えると、就学時期の半年ほどの繰り上げ、移行期間中は一歳ちがいの同一学年生の並存が12年間続くことになります。さらに幼稚園・保育所まで関係することになります。

◇ ◇ ◇ 幼保一元化問題

👀 幼保一元化の問題をこの「第9　臨教審における教育財政の論議は？」で取り上げるのは不適切と承知していますが、財政上の問題もあったようですから、ご容赦ください。この問題は、昭和30年代から文部・厚生両省間で検討され、国会でも質疑されていました。こうしたことから、臨教審はどのような結論を出すのか、注目されていました。このため、第三部会の委員・専門委員の構成・選任、その事務方の編成に関心があったようです。臨教審の設置の頃は、文部・厚生の両省は幼児の成長・発達の観点からは幼保の教育・保育についてはできるだけ共通化を図る、ということでした。大きな課題は、幼稚園・保育所の学校教育・社会福祉上の理念とそれと関わる行政的なあり方、さらに認可されていない保育施設等の扱いの問題がありました。財政的にも大きな問題がありました。幼保一元化については、幼稚園と保育所等における教育と共通的・類似的な事項を超えて保育所等の社会福祉的理念、その行政的・財政的なことがらまで検討することは、臨教審のテーマではない、との見方もあったようです。

👀 幼保一元化問題の核心は何か、厚生省は幼保一元化の問題をどのようにとらえていたのか、そして、文部省はこれらをどのように認識していたのか？　厚生省は幼保一元化については、社会福祉政策の観点から反対論でし

た。第三部会には専門委員として石野清治さんが入っていましたが、石野専門委員は、社会福祉、保育所の現状・その行財政の沿革・将来展望、幼保一元化に反対する理由を説明していました。幼保一元化問題のプロジェクトチーム主査の小林登委員は、「幼保問題については地域の実情・必要性から考える」との立場だったようです。

👀 「岡本会長は脳科学が専門でした、その岡本先生は、幼保の一元化についてどのように考えていたのか」、とのお尋ねですが、ご関心は強く持っていたでしょう。脳科学の観点からいうと、幼保は一元化すべきだとのお考えで、第三部会の審議に注意を払っていた、と思います。第三部会は、幼稚園の教育機能・その経費負担、保育所の社会福祉の機能・その経費負担・公財政の対応、それらの相違点と共通的な面そして幼児の発育の特性、それまでの幼保の共通化・一元化の経緯、幼稚園・保育所関係者の養成・資格の格差、保育所には欠員があり幼稚園に吸収されるとの不安、幼稚園にはこれから幼児数が減少しその存続への不安などの検討を進めつつ、専業主婦が多いというそれまでの家庭形態が今後どう変化するのか、家庭婦人が働くことが増えるのか、どういうかたちになるのか、まだ見通せないというのがその認識で、第三部会ではまだ確定的な方向を出せない、ということだったようです。 後から振り返ると、当時はバブルの様相があり、その後のバブルの崩壊・長期の景気停滞とその後の回復・女子の必要的雇用やその他の社会参加の拡大で "待機児童" の増加が大きな社会問題となりますが。当時は、第三部会の委員・専門委員が幼保一元化でまとまる状況ではなく、もう一回り舞台が回らないと……、ということだったようです。ただ、脳科学の観点から発育・成長に関する保育は共通にする、ということだったと思いますが。

👀 文部省の幼保一元化についての受け止め方は、当時の初等中等教育局の首脳の後年の "聞き書き" を参照してください。初等中等教育局長時代の高石さんは国会での渡部恒三厚生大臣の幼保一元化反対論に理解を示していましたが（編者注：渡部恒三氏はかつて文教部会に所属し、文部政務次官も務めていましたので、両省の見解を理解していました。）、"聞き書き" では「厚労省全体が幼保一元化について前向きでした。」と述べていますが、これは限られた事項についてのことか、あるいは相当時間が経過していますから記憶違い

かもしれません。当時の国会の議事録を参照してください。

👀　一部の委員・専門委員を除き、幼保一元化問題の全体をどのように理解していたのか分かりませんが、臨教審での論議は、低調だったようですね。検討課題による専門委員の入れ替えがなかったこと、あるいはヒアリングの機会をもっと増やすべきだったかもしれません。権威ある審議会・委員であることは、難しかったようですね。

👀　幼保一元化に反対の橋本龍太郎さんと賛成の河野洋平さんのやりとりが、後に公になります（編者注：河野洋平「幼保一元化で夜まで論争」「政治家橋本龍太郎」編集委員会『61人が書き残す　政治家　橋本龍太郎』21頁　文芸春秋企画出版部　2015.5）。羽田孜さんはかつて自民党の社会部会所属の時期があったようですが、羽田さんから第三部会長の有田さんには幼保一元化反対の電話があったらしいです、厚生省サイドあるいはどこの依頼かは分かりませんでしたが。

👀　この問題は小泉内閣の古川貞二郎内閣官房副長官（厚生省出身）の第三の施設「認定こども園」の創設で、またまた複雑になります。さらに、平成27年の子ども支援三法へと続いて行くことになります。大都市部では、保育所の待機児童数が増加しています。

◇　◇　◇　**教育財政、その視点は？**

👀　教育財政の問題は、学校教育人口（幼児・児童・生徒・学生の数、教員の数）の動態、都道府県・政令指定都市・市町村、そして保育所・他の公益法人などとのバランスなどと関連します。教育需要をどう見るか、その影響は？　通学校の選択・入学時期の引き上げ（秋季入学は、これと関連します）・幼保一元化（社会福祉の観点から補助割合・財源論が絡みます）・高等教育費と初等中等教育費のシェアの見直しも調整にエネルギーと時間を要する課題といえます。

👀　"学校体系の改革―バイパスの導入と選択的設置"は、財源論からスタートしたわけではありません。これは、文化と教育に関する懇談会、京都座会の提言からもお分かりいただける、と思います。臨教審では、「要るものは要る、ビルトのためにスクラップするのはどうか、スクラップは臨教審

が対応すべきものではなく、文部省・行政側の問題である」「教育改革に基づく教育財政の手当を」「財政と関わるが家庭の教育費負担の軽減の観点から教育費を必要経費として認めよ、損金に算入せよ」「"教育条件の整備"としての表現もある」「(教育) 聖域論は採れない」などの意見があったようです。政党、特に与党との折衝、臨教審総会での3/4の議決、臨調答申などを考慮して臨教審では抽象的になったようです。次の「瀬島龍三氏の回想録から」を参照願います。

◇ ◇ ◇ **瀬島龍三氏の回想録から**

瀬島龍三さんは、臨教審での教育財政について『瀬島龍三回想録 幾山河』(産経新聞ニュース社 1995.9) で、次のように触れています (407・408頁)。

　こうした、一般行政改革でのスクラップ・アンド・ビルド的な考え方も教育行財政では必要なのだが、どちらかというと「お金よこせ、お金よこせ」の議論が強かった。財政に関するいろいろな意見のまとめとして、私が答申の一部として提案したのは「国家財政全体との関連の中で教育財政の重点化、効率化を図っていく」というものだった。これは、臨教審の経過で大きな問題点の一つだったと思う。

第10　政策官庁としての機能の強化（その1）——教育の本道とは？

◇　◇　◇　　この提言は？

👀　「昭和62年8月7日の臨教審の第四次答申（最終答申）は、政策官庁としての機能の強化を求めました（第4章　文教行政、入学時期に関する提言　第1節　文教行政　1　政策官庁としての機能の強化）。文教政策に関する調査研究・分析、政策立案、情報提供などの機能の強化です。この提言の背景、それを受けて文部省はどのように対応しその成果はどうか」、とのお尋ねですが、このときの教育改革は、中曽根康弘首相主導だったこと、教育行政の考え方や沿革、教育の現状認識において首相サイド・森喜朗文部大臣や文部省・自民党文教議員と間に隔たりがあったこと、改革課題の設定・審議の方法、臨教審委員・専門委員の顔ぶれ、改革の理念や手法、事務局の関与の排除などの点で中教審スタイルと異なっていた、と思います。第三次答申までの提言、それまでの審議の経緯、文部省への不満や大きな期待から、最終答申で提言がなされた、ということでしょうか。中教審なら、こういうことはなかったでしょう。いままでとは異質の方々が委員・専門委員に選任されたことが主因でしょう。加えて、中曽根康弘首相の私的懇談会「文化と教育に関する懇談会」最終報告（昭和59年3月22日）の「1　教育の現状について」、特に「2　教育問題発生の根本原因について（1）学校教育の急速な発展過程に生じたひずみへの対応の遅れ（2）教育理念の形骸化」の認識・指摘と、「4　教育改革の方向と主な課題について」にも留意すべき、と思います。教育改革は、本来、これで終わりとか、一過性のものではなく、不断に継続すべきものでしょう。最終答申の考えの通りでしょう。

👀　香山健一さんは、大平正芳首相のときの「田園都市構想」に参加していました。専門委員の公文俊平さんも、そうでした。「田園都市構想」には抽象的な面もありますが、大きなビジョン・方向性、政策目標がありました。文部省の初等中等教育局長・大学学術局長その他からヒアリングをしても、教育荒廃の是正・負の現象の対応策や21世紀に向けた教育の展望に満足でき

ないものがあったのかもしれません。文部省中心の臨教審事務局にも、そうだった、と思います。大蔵省（財務省）、通産省（経済産業省）も、かつての権力行政（許認可行政）・護送船団方式から大きく変わった部分がありましたから。天谷直弘さんは、通産省出身でした。それに、中山素平さん、瀬島龍三さん、中内㓛さんなどには、文部省への大きな期待があったのでは、と思います。議論や調整プロセスだけでなく、目標と効果、実現の時間軸とプロセス、投入の資源とコストなど実際的・戦略的・臨戦的にそうしたことに常に直面している実業界のリーダーの思考・行動、特に運営委員のそれらは参考になったという調査員もいたようですから。振り返ると、このころは『Japan as No.1』と称えられていた、あるいはそれに浮かれていた時代だったかもしれません。臨教審の訪米調査のときに、何故、米国に調査に来たのか、どうして日本で教育改革が必要なのかと、逆に質問されたそうです。このときのアメリカは、『A Nation at Risk』でしたから。中曽根首相が会長に経済界のリーダーにこだわったのは、フランスのシラクさんからのアドバイスとの説もありましたが、これは経済活動のトップへの期待からでしょう。

👀　土光臨調は、行政改革の理念、重要行政施策、行政組織と総合調整機能、国と地方の機能分担、公社の民営化などの改革をめざしました。増税なき財政再建を目標に中長期的にも高齢化社会における活力の維持の観点から税負担と社会保障負担を合わせ50％より低く抑える、としました。「臨教審だけでなく、政府の審議会はだいたい、お金の要る話しには全部、踏み込みが足りなくて消極的なんです。」という文部省首脳もいらしたようですが、文部（科学）省は、国の財政の状況をどう考えていたのでしょうか。公的債務の増大、臨調で増税なき財政再建、民営化・効率化、スクラップ ＆ ビルドの予算編成方針のなかで、やはり財政当局も教育改革の財源調達の方途を模索したと思います。

👀　文部省に対するこの提言は、第一部会の委員・専門委員の提案だったのでは、との見方のようですが、賛同する人は多かったかもしれません（推測です）。臨教審に期待された大きな課題に対して、文部省や教育畑の学者に限界を感じる人はかなりいたかもしれません。中教審教育内容等小委員会審

議経過報告はありましたが、臨教審設置の当初から教育荒廃論や自由化論が出て守勢一方だったこともあり、政策目標・政策課題・対処のストーリーはまだ策定されていなかったようです。当時の状況については、このときの文部省初等中等教育局の局長・審議官の後年の"聞き書き"を参照してください。

◇ ◇ ◇ 生涯学習社会の構築―その具体的意見

👀 「「生涯学習社会の構築」は、臨教審の教育改革の理念・改革の基本原則になっていましたが、生涯学習は「理念」レベルの話しで行政としては具体的にどうするのか分からなかったという文部省のハイレベルの方もいた」、とのご指摘ですが、中教審は昭和56年に「生涯教育について」を答申しています。臨教審の議論も理念だけに留まっていません。次の専門委員の意見を参照してください。

・生涯学習の趣旨はよい、生涯教育と学校との結びつきが弱い（学校段階における青少年の社会教育活動の充実）、生涯学習は初等中等教育が成功してはじめて成功する、学校が重要、生涯学習社会論が高学歴を前提にしているのが気になる、人間に値打ちをつけたがっている構想・男性社会的・都会的審議である。現場のひとには臨教審は関心がない、臨教審は文部省中心である、各省も全力を挙げて生活体験との関係をもっと重視すべきである。切り込み方を三つないし四つ挙げて、残りは長期的課題にしてもよい（人を大切にする、人に意味のある、人間性回復を皆で考えるように）。（農村社会の実態を調べていたといわれたある専門委員）

・生涯学習社会のためには社会を変える必要がある、生涯教育を拒む学歴社会（公務員試験、有給休暇、年間学卒者120万人が就職の雇用慣行）、授業料の受益者負担が大との視点が必要。それがないと、評価が技術的になる。（教育行政に詳しいある専門委員）

・生涯学習社会は自分の考えと一致する。やがて青少年の人数の減少が起こる。学校の施設・教員を活用しないと、それらの余剰が生じる。成人にも開放する、OJTでは対応できないものが出てくる。労働に関わる者の受講の基盤整備が必要、つまり、マスター1年制、入学資格の撤廃である。高等教育機関が閉鎖的である、在職者を受け入れるべきである。職業教育・産業教育

第10　政策官庁としての機能の強化（その1）─教育の本道とは？

か軽んじられ、実業教員が軽視されている、これらの教員の再訓練が課題である。OFF-JTの重視とその受け皿づくりが必要である。また、国際交流の拡大の必要がある。（労働分野研究の専門委員）

・評価の多様化の具体策、競争や今まで未経験のことへの対処策、継続的なボランティア活動（大学3年間毎週1日）の実施が必要。（青少年問題に詳しいある専門委員）

👀　G7のケルン・サミット（ドイツ、1999年（平成11年）6月13日〜20日。小渕恵三首相が出席）では、社会の流動性の高まりにどう柔軟に対処するか、で生涯学習を議題にとりあげています。臨教審の答申後も、臨教審の認識と文部省（最終答申を受け文部省と連携し教育政策のシンクタンク化を目指すことになった国立教育研究所を含めてですが）との間の落差は大きかったといえるのかもしれません。

👀　臨教審が内閣、つまり政府全体として対処するのにふさわしい課題のひとつは、生涯学習でした。臨教審は、答申を理念・目的、主要課題、具体的施策の三段階でまとめようとしたようです。運営委員会の石川忠雄委員長は、当然ですが、学校教育も生涯学習に含めていました。質問者の観点からすると、文部省は答申を受け積極的に動くべきだった、とのお考えもあろうと思います。新たに生涯学習の観点からの「単位制高等学校」の構想、"就職協定"の問題もありましたから。就職の入り口、雇用環境の変化・転職市場の拡大にともなう採用試験制度の改革・公務員試験のあり方、雇用慣行（新卒一括採用の縮小や年齢制限の抑制）、学習のための有給休暇、高等教育機関のパート・タイム学生の拡充、社会人、特に30代・40代の者の大学院での履修を推進する方策が政策課題であるとの問題提起もありました。かつて文部省の大学学術局長を務めた方は、臨教審設置の以前から生涯学習は高等教育を土俵に、との認識を持っていましたから。

👀　臨教審の答申後、「生涯学習審議会」を文部省に置いたことについては、社会教育審議会を生涯学習審議会に改称しただけ、文部省による答申の矮小化との見方があります。「生涯学習の振興のための施策の推進体制等の整備に関する法律」は、教育委員会の事務が中心で、従来の社会教育の延長で

137

す。あまり実益のない法律になりました。生涯学習審議会は総理府（現総務省）に置き、政府全体の施策の推進に目配りし全省庁で推進すべき、との考えができるかしれません。臨教審の事務局のなかで、もっと情報交換・協議して改革案を出すべきだった？　臨教審事務局には、総理府、警察庁、労働省、厚生省、農林省からの出向者がいたのですから。さらに、人事院との協議も必要でした？

👀　健康や福祉の増進、学歴社会・新卒一括採用の縮小となると、転職市場の拡大、職業能力の向上を含め職業生活全般と深く関わります。臨教審事務局は文部省主体で消極的だったようです。答申後も、生涯学習審議会は余暇中心、従来型の社会教育論が中心でした。臨教審の事務局次長は、その次のポストとして文部省社会教育局長（生涯学習局長）に就任していますが、どのような考えから生涯学習審議会を文部省の所管にしたのでしょうか？　臨教審の首席調査員も、その後に生涯学習局長に就いてますが、政府全体で取り組むことは考えなかったのでしょうか。

◇ ◇ ◇ 文部省の「政策官庁としての機能の強化」は？

👀　「文部省の政策官庁としての機能の強化はいかがですか、その後どう進んでいるか」とのことですが、臨教審の答申直後、文部省は、その方策のひとつとして文部省と国立教育研究所との連携を強化するため、同研究所を国際学術局研究機関課から大臣官房調査統計課へと所管換えし教育研究所を改組しました。第四次答申は、所轄研究所のなかでも国立教育研究所については名指ししていますから。「教育政策部」が置かれたのはこのときの改組の一環で、部長は市川昭午さんが就任しました。同氏の著作をみれば、適任者であることが分かります。連携強化のため、総務審議官が主宰し、各局連絡課長・教育研究所の各部長が出席する定期会合が設けられました。政策立案の基礎資料の収集・調査研究の推進のため委託研究の予算化、文部省定員の振替・人事交流の拡大が図られました。趣旨は、教育研究所の強化・シンクタンク化です。政策研究、実践的研究の重視です。

👀　第四次答申の文部省の組織機構の見直しを行う必要がある、専門家の育成・登用・活用の推進、所轄研究所との職員の人事交流を積極的に進めてい

くなどの提言を受け、大臣官房調査統計課は「調査統計企画課」になりました。調査統計　プラス　企画です。①国立教育研究所との連携の強化（前述の通りです）、②専門的知識・実務能力のいっそうの向上のため国内調査部門の強化（ア「分析調査官」の新設〈年次計画により「統計手法・統計分析」「教育行政」「経済・財政」「社会学」の4分野の専門職の計画的設置〉イ　国内調査部門の編制替えと大学院修了レベル者の採用〈三氏が就任。当時の文部省では、ポスト的にはこの種の専門職の最高位は「専門員」「専門職員」止まりでした。これを改めるため国立教育研究所の研究者・大学の教員との交流の実施・拡大が望まれました〉（編者注：文部省は昭和60年の国家公務員60歳定年制の実施に際し、大学との人事交流を円滑に行うため、直轄の研究所の研究員の定年は教官と同様とし、そのために教育公務員特例法施行令を改正しました。）ウ　人事の交流の拡大　エ　外国調査担当者の現地調査の拡大・国際会議への参加　オ『Education in Japan』の刊行〈改革初年度〉カ　委託研究の実施　キ　調査統計企画課の広報誌『教育と情報』の発刊〈統計・調査の分析　記事・広報〉、③文部省内への情報提供の拡充（外国事情の省内情報交換会の実施）、が図られました。行政官庁の調査・統計は、政策立案や行政マネージメントの基礎材料です。基礎・基盤的な統計調査、複数の局に跨るもの、統計専門性の高い調査は調査統計企画課とし、各局課固有の施策・政策課題（たとえば、学校外活動、学生の奨学金、私立学校行政、問題行動）と関わる調査統計はその目的・専門性・効率性の観点から当該局課として整理した、ようです。

👀　「調査統計企画課」は、その後、変貌したようですね。近年は独立の課でなく、その仕事は「生涯学習政策局参事官（連携推進・地域政策担当）」になったようですね。『教育と情報』は廃刊、分析調査官もいません。国立教育研究所との定期会合もなくなったようです。『学制〇〇年史』については、120年史は刊行されましたが、140年史はありませんでした。150年史（2022年）は？　それまでの歴史・実績のチェック・確認は、どうするのかですね？　『我が国の教育水準』は、かつては5年ほどの間隔で刊行されていました（それ以外のテーマでもありましたが）、今は発行されてないようです。毎年、『文部科学白書』を刊行していますが、施策の評価や総括にはある程度の時間の経過や一定期間の変化を知ることも必要では？　各年の白書とは趣

旨が異なるのでは？

👀　あの塩爺ぃこと、塩川正十郎さんは、文部大臣のときに国立教育研究所のあり方に不満をもっていたそうですが（塩爺ぃさん「オレだけでねーだろ」）、どこまで変わったのでしょうか。所長時代の過ごし方を述べている方もいますので、"聞き書き"を参照ください。中教審は、平成30年3月9日、文部科学大臣に「第三期教育振興基本計画」を答申し、そのなかで客観的な統計データの蒐集・分析、提供、根拠を示した政策の推進を求めたようですが、これはどういうことでしょうか？　調査統計部門が弱体化し、政策とのつながり・EVIDENCE—BASEの施策に問題があるとでも？「政策官庁としての機能の強化」を提言した方々、臨教審答申を受け改革に取り組んだ当時の官房長などは、どのように受け止めているでしょうか。（編者注：その後、昭和30年中に改組され総合教育政策局「調査企画課」が設けられたようですが、その具体的内容は承知していませんので、ここではその紹介を省略します）。

◇　◇　◇　**小泉改革への対応—義務教育費国庫負担割合の変更・総額裁量制の導入**

👀　橋本龍太郎内閣の「変革と創造」〜六つの改革・活力ある成熟社会は、創造性の発揮、競争原理と自己責任、豊かで安心できる社会をめざしました。行政改革では規制緩和・官民役割分担・地方分権・中央省庁の再編を、財政構造改革では歳出全般の聖域なき見直し・財政健全化を打ち出し、具体的に動いていました。

　小泉純一郎内閣では、「経済財政諮問会議」が改革の司令塔になり、「民でできるものは民へ、地方でできるものは地方で」の改革原理のもとで構造改革が強力に推進されました。この改革は、その大きさ、従来の施策の転換の度合い、実現性において臨教審の提言を圧倒しました。国立大学の法人化、構造改革特別区域法に基づく特区、国と地方の財政に関する三位一体の改革（国の負担金・補助金の削減、税源移譲、地方交付税の見直し）における義務教育費国庫負担金の負担割合の変更・総額裁量制の導入、幼稚園・保育所の一元化（幼稚園・保育所のほか、「認定こども園」が創設され、三類型となりました）がありました。教育基本法の改正は第一次安倍晋三内閣のときですが、

その改正案の国会提出は小泉内閣です。国庫負担金・補助金の改革では、これを所掌する総務、文部科学、厚生労働、農林水産、経済産業、国土交通、科学技術政策担当の7大臣のなかで、文部科学大臣の一人負け？（言い過ぎです！　それに、この間の文科大臣は三人でした。義務教育費国庫負担割合変更（1/2から1/3へ、差額分の地方交付税化）は平成18年度予算からで、このときは小坂憲次文科相でした）。この間の経緯は、遠山敦子『こう変わる学校　こう変わる大学』（講談社　2004.3）、竹中平蔵『構造改革の真実　竹中平蔵大臣日誌』（日本経済新聞社　2006.12）、大田弘子『経済財政諮問会議の戦い』（東洋経済新報社　2006.6）などをご覧ください。

◇　◇　◇　行政改革会議・経済財政諮問会議—政策決定の新方式

👀　「第2　臨時教育審議会をめぐる中曽根康弘首相と自民党文教族・文部省」の資料4および資料5の国家行政組織法第8条に関することですが、橋本龍太郎内閣では「行政改革会議」（1996.11.21～1998.6.30）の報告に基づき、中央官庁の改革が行われました。文部省と科学技術庁が統合され「文部科学省」になったのは、このときです。「経済財政諮問会議」は、この橋本行革の内閣府設置法（2001年1月に成立）の第18条に基づきます。橋本首相・小泉首相の政策決定の特色は、迅速、諮問する側とそれを検討し報告する側の議長が同一の内閣総理大臣であることです。両首相とも政策志向で指導力があり、会議は事務局があらかじめシナリオを用意するのではなく、ハイレベルのメンバーによる直接的な討論だったようです。　行政改革会議、経済財政諮問会議は、自由闊達な討議の臨教審をはるかに超える意思決定でした。特に経済財政諮問会議では、文科省は今までとは全く異なるなかで政策決定とその対応が求められた、といえるでしょう。

👀　教育財政や教育と経済の問題が臨教審の審議課題から除外されていたわけではありません。昭和37年度からの工業高等専門学校の制度化については、経済界からの要請がありました（教育も経済と深く関わります。昭和37年の文部省教育白書は『日本の経済成長と教育』を取り上げています。天城勲さんが調査局長のときです）。小泉内閣の教育改革は、それまでの教育関係者の「教育の論理」による改革ではなく、規制緩和・民活（民間の力の活用）・地

方分権という、横断的な、いわば「横串し」の改革が教育分野に及んだもの
でした。全国知事会は、義務教育費国庫負担金の割合の変更に賛成多数でし
た。奥田碩さん・牛尾治朗さん（河村建夫文科相の私的諮問機関「これからの
教育を語る懇談会」のメンバーで、経済財政諮問会議民間議員でした）からも、
文科省援護の発言はなかった、といいます。牛尾さんは、補助金を中心とし
た国から地方への財源移譲の話を止めるわけにはいかない、とのことだった
ようです。

🐧 臨教審には天谷直弘さん・香山健一さんのほか、それまで文部行政と関
わりのなかった方々が選任され、従来の文部省の審議会ではあまりなかった
観点からの意見・論議があったといえます（それゆえ、文部省サイドには反発
があったでしょうが）。当時の文部大臣森喜朗氏は中曽根首相メモにあったひ
との臨教審委員への選任を“軽はずみ”と表現していますが、それは政策課
題や議論の必要性の観点から判断すべきでは？　国際化・情報化への対応、
技術革新・雇用環境の変化のもと、従来型の社会教育を超える生涯学習社会
の構築の必要性、成熟社会化・都市化、地域社会の変容にどう対処するか。
さらに、当時の米国・英国の苦境をどう考えるか？　でしょう。第二次臨
調、橋本・小泉内閣の改革は、広い立場からの政治主導の改革でした。そう
した状況では、従来とは異なる新たな教育本道論の確立を求めるべきだった
かもしれません。文部省は、臨教審以後も文部省に必ずしも親和的とはいえ
ない“ひとびと”を中教審委員その他に選任するなどして広い視野から政策
課題・政策の方向を追求すべきだった、との見方もあります。

🐧 全国知事会を含む地方六団体の義務教育費国庫負担制度の廃止は、教育
論抜きの財政論でしかないとの「教育本道」・「高い志」論に与するひとは少
数でした。スローガンだけでなく、その具体的内容・対処策の説明が必要で
したが、納得させるのは難しかったようです。マスコミにも、「補助金削減
は地方提案を土台に」「義務教育も聖域ではない」との論がありました。専
修学校を含めると後期中等教育の施設への進学率はほぼ100％、高等教育機
関の進学率もかなり高くなり、かつ、義務教育後の教育についても国・地方
公共団体の財政支出が大きくなっているときに、義務教育の教員の人件費の
みは文部科学省所管の法律に基づき1/2の国庫負担で、という国の責任論は

第10　政策官庁としての機能の強化（その1）―教育の本道とは？

分かりにくかったかもしれません。国からであっても地方交付税はダメとは？　義務教育であっても、県費負担教職員、設置者管理・負担主義からも分かるように、都道府県・市町村にも責任があります。その一方で、「総額裁量制」は平成16年4月から導入されます。義務教育費国庫負担法の枠内ならば地方の裁量を認める、それを超えて地方の一般財源・地方交付税のなかでの裁量はダメとの論理は、結局、文科省の"縄張り"固執と受け取られたかもしれません。「総額裁量制」の導入も、文部科学省は地方公共団体側に押し切られた（？）ようですが、この問題の根幹は、義務教育を含め教育財政における地方公共団体の判断・裁量を、どのように考えるかでしょう。

〈コラム5　総額裁量制について〉

　「総額裁量制」の導入は、義務教育費国庫負担金の限度額について「義務教育国庫負担法第2条ただし書の規定に基づき教職員の給与及び報酬等に要する経費等の国庫負担額の最高限度を定める政令（昭和28年政令第106号）」の全部が改正され、新たに「義務教育費国庫負担法第2条ただし書き及び第3条ただし書きの規定に基づき教職員の給与及び報酬等に要する経費の国庫負担額の最高限度を定める政令（平成16年政令第157号）」が定められたことによります（平成16年4月1日施行）。「総額裁量制」の導入前は、教職員の給料や諸手当ごとに限度額を規定し、限度額を超える部分は都道府県の負担としていました。また教職員給与額を引き下げた場合には、それに応じ国庫負担金の額も減少しました。総額裁量制の導入により、費目ごとの限度額を廃止し、国庫負担金の総額内において各都道府県が給与を決定し、また給与を引き下げた場合に生じた財源は国の基準に上乗せした定数分の給与に充当できるようになりました。

　また、非正規の教員を採用することについての財政的裏付けができることになったわけです（非正規教員の採用は、平成13年1月の「公立義務諸学校の学級編制及び教職員定数の標準に関する法律」の改正により地方公務員法の短時間勤務者を教員定数に換算することが可能になりました。つまり、正規教員1人分の給与で複数の非常勤講師を採用することが可能にする途が開かれました）。

　さらに、国庫負担金を全額使用できずに国庫負担金を返納した場合であっても、「空」に対応する地方交付税分の返納はしなくても済むことになり、地方の裁量は拡大することになりました。

平成15年7月、「国立大学法人法」の制定の際に、「国立大学法人法等の施行に伴う関係法律の整備に関する法律」が制定され、教育公務員特例法は改正されました。この施行により公立学校教員の給与について“準拠すべき国の給与”がなくなりました、地方の裁量を拡大し総額裁量制に傾斜せざるをえなくなった面もあります。しかしながら、その見解はいかがなものでしょうか？　義務教育費国庫負担法の論理と国立学校法人法のそれ（特に附属学校の教員の非公務員型）を比較したとき、後者のそれが優先するということでしょうか？　義務教育費国庫負担金の負担割合を1/2から1/3へ変更するときとは、ずいぶん異なるようですね。　平成15年7月の国立大学法人法、国立大学法人法等の施行に伴う関係法律の整備に関する法律の制定のときに、“総額裁量制”を導入するあるいは両法律のドラフトを作成するときに、どのような論理構成をしたのでしょうか？　次の「小泉改革への対応―国立大学法人法等の施行法と初等中等学校教員の処遇」を参照ください。

〈資料14　三位一体の改革と義務教育費国庫負担割合の変更に関する略年表〉

　平成15年度に都道府県などの裁量により学級編制の基準が緩和されるなど教職員配置のしくみの弾力化、平成16年4月1日から義務教育費国庫負担金の総額の範囲内で給与額や教職員配置に関する地方の裁量を拡大する「総額裁量制」の導入

平成16年（2004年）

　　6月4日　小泉内閣「骨太の方針2004」閣議決定
　　　　　　（2006年度までに教員給与・人事配置について検討）

　　11月26日　義務教育費国庫負担金額は2年間で8500億円となったことを受け、2005年度は4250億円を税源移譲予定特例交付金として地方に配分することで政府・与党は合意

平成17年（2005年）

　　10月26日　中教審「新しい時代の義務教育を創造する」答申（「採決」により決定）
　　　　　　（義務教育の教職員給与費の国庫負担率を二分の一としてきた制度について「今後も維持すべきである」。これについては、異見あり。）

第10　政策官庁としての機能の強化（その1）―教育の本道とは？

11月30日　教職員給与費の国庫負担率を三分の一とする内容を含む国庫負担
　　　　　金改革について、政府・与党は合意

◇　◇　◇　三位一体の改革のフォローは？

👀　三位一体の改革で義務教育国庫負担金の負担割合の変更に関わったひと
の後年の"聞き書き"を見ますと、無償、かつ、教育の機会均等と教育水準
の維持が確保される適切な公教育制度の実現は義務教育費国庫負担制によっ
て担保され、文部科学省の主張に賛成する人は、心ある、開明的な、と表現
しています。義務教育費国庫負担法における地方の裁量拡大のステップは、
最初に文部科学省に対する外部の批判があり、それに文部科学省が反論し、
その後にひとつ、またひとつ、と方向転換したようです。文科省の権限内で
裁量を拡大あるいは文科省は拡大を余儀なくされて地方の要請に応えたとの
見方があるようです。「教育の機会均等」・「教育水準の確保」の担保は、義
務教育費国庫負担制・その負担割合とはどの程度結びつくのか、他の方法に
よるナショナル・ミニマムの確保はどうなのか？　成熟化社会において地方
や個人のニーズ・発想にどのように応じるのかの問題が、教育を受ける権
利、義務教育無償論（国立・公立の義務教育学校における授業料無償）に転換
され、それ以外は検討に値しないとのことでしょうか？

　元初等中等教育局長は、「学習指導要領」の基準性を教育の「機会均等」
との関連で説明していたようですが、これは、全国的な共通性の重視になり
ます。文部（科学）省の指示が細かく、その結果、いろいろなアイデア・地
方での判断が少ないように思われます。

👀　教材費・共済組合長期掛け金や退職手当分・旅費は、すでに義務教育費
国庫負担から外されていましたから、文科省は負担割合の1/3への縮小には
必死の防御で中教審は削減反対の答申をしています。このときの中教審には
知事会・市長会・町村長会の地方団体からの委員もいましたので、「採決」
により答申を決定しています。中教審は文科省の身内（？）ですから、そう
でなく、教育財政における地方の判断・裁量をどのように尊重するかは、広
く第三者機関で検討すべきでしょう。大学の公設民営化、私立高等学校を含
めた就学支援金の支給の問題もありますし、義務教育費国庫負担金もそのウ

145

ラは地方交付税で積算されています。定数法もそうですね。「総額裁量制」の導入は、児童・生徒数の減少と相まって非常勤教員の増加につながります。非常勤教員の増加は、教員の質の低下や学校運営の困難性を増します。教員の時間外ワークも増え、負担を過重にします。

👀 国から地方への税収の移転と補助金の削減は、地方の権限の拡大でした。文部省は、義務教育費国庫負担割合の変更にはご指摘のように猛反対でしたが、その結果についてはどのようにフォロー・検証したのでしょうか？「税源移転額－国の補助金額の減少額」は、法人も含めて納税者数とその所得の多寡によって、当然、プラスのところとマイナスのところが出てくるでしょう。義務教育費国庫負担については、その割合の変更ですから地方の負担が1/6分増えるだけかもしれませんが、三位一体の改革の教育行政・教育財政への影響をどう把握し、具体的な対策を講じたのか、あるいは講じようとしたのか、明らかにしたのでしょうか？ 文部省のそれまでの反対論の関わりを含めてですが。

👀 かなり以前の新聞報道ですが、全国知事会の資料に基づいて都道府県ごとに財務省がまとめた資料があるそうですね。義務教育国庫負担の割合の変更・総額裁量制の導入、これが第一ラウンドでしょう。

◇ ◇ ◇ 「国立大学法人法等の施行に伴う関係法律の整備に関する法律」と初等中等学校の教員の処遇

👀 第二ラウンドは、国立大学の法人化に伴う公立の初等中等学校の教員の処遇の問題です。国立大学は、「国立大学法人法（平成15年法律112号）」の制定により、文部省の所轄機関から独立し法人となりました。この際、「国立大学法人法等の施行に伴う関係法律の整備に関する法律（平成15年法律117号）」が制定されました。ともに、平成15年7月16日公布です。施行は、特定の条文を除き、平成16年4月1日です。大学の法人化は46答申、臨教審で議論された課題でしたが、国立大学の法人化は中教審では審議されませんでした。国立大学の法人化は、遠山敦子文科大臣の「遠山プラン」をもとに関係者により議論されました。国立大学の法人化の際、初等中等教育の学校の教員についてはどう考えたのか？ 最近、公立の初等中等教育学校の教員の処

第10　政策官庁としての機能の強化（その1）─教育の本道とは？

遇の問題が大きく取り上げられることが増えました。多忙・長い教員の勤務時間、給与の問題などです。前川喜平さん（初等中等教育局財務課長・企画課長などを経て文部科学事務次官に就任）は、『週刊東洋経済』（平成29年9月16日号）の対談で「先生たちに配慮不足を謝らなければなければならない」と述べています。その配慮不足の具体的内容は？　講ずべき施策は何だったというのでしょうか？　このことと関係があるのでしょうか？

👀　「国立大学の教育研究を自由に弾力的にするということで、国立大学の法人化の際、その教職員は「非公務員型」となりました、国立大学の附属学校の教員の「非公務員型」について他の選択肢を検討したのかどうか」、とのご質問ですが、何故、大学以外の幼稚園・小学校・中学校・高等学校、特別支援学校まで法人化の対象としその教職員を「非公務員型」にしたのでしょうか。　このときに、国立大学の附属学校でなかった唯一の国立学校だった国立久里浜養護学校は筑波大学に移管され附属学校になりました（特殊教育研究所・久里浜養護学校の設立時の構想、実践的特殊教育の研究とそれに基づく教員研修の拠点として東日本と西日本に設置をめざすことからは大きく離れたように思われます。短期の講習のみでの教員免許取得の現状および特別支援教育の多様化・その対象者の増加などからこの移管はどのように検討されたのでしょうか？）。その結果、国家公務員法が適用される教員は存在しないことになりました。この問題は、大学の附属学校を大学から離して独立させる、公務員型として存続することは考えられなかったのか、ということです。公立大学は地方独立行政法人法に基づき公立大学法人になっても、公立高等学校以下の学校は従来通りのスタイルです。国立大学法人と附属学校とは異なる対応をしています。国と地方の財政に関する三位一体の改革の際には、文部科学省は行政内部の意思決定の問題なのに税金を使いその主張を全国紙に意見広告として載せましたが、国立大学を法人化するときには初等中等教育学校の教員への影響・法的効果について、公立学校教員を含めて関係者には説明したのでしょうか。

◇　◇　◇　**そして、三法律は？**

👀　国立大学の附属の初等中等教育学校の教員を国家公務員法の適用外とし

たことは、特に「教育公務員特例法」、「学校教育の水準の維持向上のための義務教育諸学校の教育職員の人材確保に関する特別措置法」、「国立及び公立の義務教育諸学校等の教育職員の給与等に関する特別措置法」の三法律については、その死（？）を意味します。これらの法律は変死させられた、と見る人もいるようです。第一に、教特法では、それまでの「教育公務員の給与の種類及びその額は、当分の間、国立学校の教育公務員の給与の種類及びその額を基準として定める」（旧教育公務員特例法第25条の5）とされていましたが、国立大学法人法等の施行に伴う関係法律の整備に関する法律第6条の規定によりそうでなくなりますから（編者注：このときの教特法の改正条文は、第25条の5だけではありませんが）、地方公務員である教員にも影響が及びます。国家公務員法の原始附則第13条は、外交官・検察官などと同様に、教員にも特例を認めました。そうして制定されたのが、国家公務員・地方公務員たる教員の特例法でした（地方公務員の教員については、特別法が一般法より先に制定された珍しい例でした）。人事院は、国家公務員法に基づく国家公務員に関する組織です。それゆえ、「人事院」の教育公務員に関する権限は、なくなりました。（編者注：改正後の教特法第13条（校長及び教員の給与）公立の小学校、中学校、義務教育学校、高等学校、中等教育学校、特別支援学校、幼稚園及び幼保連携型認定こども園の校長及び教員の給与は、これらの者の職務と責任の特殊性に基づき条例で定めるものとする。なお、改正後の第18条（公立学校の教育公務員の政治的行為の制限）は、次のとおりです。公立学校の教育公務員の政治的行為の制限については、当分の間、地方公務員法第36条の規定にかかわらず、国家公務員の例による。第2項（略）。なお、国立の大学・学部の附属学校の教員の政治教育・政治的行為、宗教教育については、国立大学法人法第37条にみなし規定があります。私立学校並みの適用と特別規定に留意する必要があります）。第二に、田中角栄首相が主導した人確法から人事院の勧告の実効的規定が削られ、人確法は訓示規定の法律になりました。「国立大学法人法等の施行に伴う関係法律の整備に関する法律」第34条において「学校教育の水準の維持向上のための義務教育諸学校の教育職員の人材確保に関する特別措置法」が改正され、人事院勧告の規定（第4条、原始附則第3項）が削られました。人事院は、国会及び内閣に対し、国家公務員である教育職員の給与に

第10　政策官庁としての機能の強化（その1）─教育の本道とは？

ついて第3条（優遇措置）の趣旨にのっとり必要な勧告を行わなければならない、との人事院勧告の義務付けの規定はなくなりました。原始附則第3項により実際に人事院勧告がなされたことがありますが、その"痕跡"もなくなりました。　第三に、給特法では文部科学省は自らは何もしないことになります（？）。「国立及び公立の義務教育諸学校等の教育職員の給与等に関する特別措置法」はその題名も改められ、公立学校の教育職員のみが対象になりました。昭和46年5月の上記の特別措置法の制定により、教育公務員には超過勤務手当を支給しない代償措置として「教職調整額」が支給されることになりました。超勤闘争・裁判闘争を経て、です。教職調整額は、現在も四％のままです。（編者注：第3条（教育職員の教職調整額の支給等）……給与月額の百分の四に相当する額を基準として、条例で定めるところにより、教職調整額を支給しなければならない）。この額は、上記の法律化をめざした昭和40年代に、教員の勤務状況を調査し超過勤務の時間数は本俸の四％に相当するということで決定したものです。教職調整額は、「賞与」の算定にも反映されます。さらに、留意すべきことは、定額の教職調整額の支給により教員の勤務時間が増加するのを防ぐ、ということでした。そこで、時間外勤務については、文部（科学）大臣が人事院と協議しそれを命ずる場合を限定しました。国立学校の教員については「教育職員に対し時間外勤務を命ずる場合に関する規程」（昭和46年文部省訓令28号）が定められ、公立学校教員については同訓令を基準として条例で定める場合に限定されました。"超勤四項目"です。しかし、国立大学の法人化の際の国立大学法人法等の施行に伴う関係法律の整備に関する法律第33条により、対象は地方公務員である教員だけになり、「文部省訓令」はなくなり、同じ内容ですが「政令で定める基準」になりました。勤務時間の管理でも、「人事院」との協議はなくなりました。文部科学省の直接的な関与はなく、四項目の実態把握も任意的に（？）なったかもしれません。マスコミ報道などからすると、おそらく所定の勤務時間を超えるサービス勤務がなされているのかもしれません。文部科学省レベルでは、教員の勤務時間と給与（手当）との繋がりが疎遠になり、調整額の四％の妥当性も検討されずに、との懸念です。

👀　人確法については、当時、職務上、法律化の動きを間近で追っていまし

149

たから、いささかの"思い"があります。最終的には、42文字の題名、4カ条の本則と附則からなり、政府提出法案になりました。この処遇改善は、文部省の悲願だったといってよいでしょう。戦前の教員給与は高かったとはいえないでしょうが、恩典―年功加俸・恩給上の優遇措置、兵役の短期現役（徴兵期間が短く6週間でした）、師範学校の生徒の授業料免除がありました。戦後は、終戦後、昭和23年、28年、32年の措置により、給与水準の変動がありました。しかし、大きな問題になったのは、高度成長のもとで教員の給与水準の低さと教員の資質の低下でした。教員の数、ベビーブーマー世代の増加の影響その他いろいろの事情がありますが、他の職種を目指すひとが増え、デモシカ先生の語が生まれたときもあります。中教審は、昭和44年11月の中間報告（この本答申は昭和46年6月の"46答申"です）で教員と民間との給与水準を比較し、46年答申では教員の資質向上と処遇の改善を提言しました。自民党の文教部会も、こうした状況を非常に深刻に受け止めました。昭和48年度政府予算案の編成の際、奥野誠亮文部大臣・愛知揆一大蔵大臣との間で「教員の処遇改善は48年度を初年度として、年次計画を立てて実施する」との合意書が交わされました。その後に大きな問題になるのは、そのための法律をつくるのか、その法律案は政府提出法案にするのか議員立法にするのか、法律の題名・目的をどのように規定するか、人事院の自主性・中立性とその勧告の扱い、各省庁は賛成するのか、でした。法律化は、（1）そのねらい（ア　学校教育が次代を担う青少年の人間形成の基本、イ　優れた人材を教員として確保、ウ　学校教育の水準の維持向上）、（2）特別措置の内容（一般公務員の給与水準に比較しての義務教育諸学校の教員の給与の優遇措置）、（3）進め方（人事院の勧告の義務付け、年次計画による優遇措置の推進）を明らかにすることでした。　法律の題名にも留意していただきたいです。法律の題名は、その内容を正確に表す必要があります。次に、簡潔であることが望まれます。人確法の制定後100文字を超える題名の法律も制定されましたが、この法律の題名42文字は長く、その制定の意義・趣旨をよく表しています。この人確法の制定に関わった田中角栄首相、情熱を傾けた自民党文教議員、真田秀夫内閣法制局次長、岩間初等中等教育局長はじめ関係の方々には教育行政史上、敬意が払われるべきと思います（当時、教員給与に関する臨時措置法案

第10　政策官庁としての機能の強化（その1）―教育の本道とは？

から人確法案へ転換した、その考えには驚きました）、最終的には、紆余曲折を経て全会一致で法案が可決され、人事院は昭和49年3月に第一次分の改善勧告をし、三次にわたる教員給与の大幅な改善がなされました。

👀　旧「国立及び公立の義務教育諸学校等の教育職員の給与等に関する特別措置法」、教職調整額の沿革ですが、昭和23年に教員にはその勤務の特殊性から超勤手当は支給しない代わりに基礎号俸の上に1〜2号上積みされました。昭和28年には、教員の給与表が独立し一般の給与表より有利になりました。昭和32年に公務員の給与は等級別給与体系となりました。そして、ほぼ毎年、給与改定が行われるなかで教員給与の有利性は減じました。こうした背景のもと教員に対する超過勤務手当の支給が問題となり、昭和46年に前記の法律が制定され、「教職調整額」の制度ができました。人確法の制定の際にもいわれたようですが、教員給与の水準が低下したことについては人事院その他にも責任があるのではないか、ということです。どこまでその認識があったのか分かりませんが。

👀　特に、以上のような経緯を有する三法律の改正について、初等中等教育局サイドは「国立大学法人法」（案）、「国立大学法人法等の施行に伴う関係法律の整備に関する法律」（案）の審議の際に、どのように検討したのか、法律成立後の予測、対応・フォローなどについて、です（特に、「附則」・経過措置の規定が重要です）。国立大学の法人化に際して国立大学の教職員の身分を公務員型にするか、非公務員型にするか（平成14年3月の文部科学省の調査検討会議の報告で非公務員型にすることで決まったようですが）、国立大学の附属の初等中等教育の学校、さらに地方公務員である教員への影響・効果については、その際、どのように検討されたのか。初等中等教育局はどのように関わり、どう考えたのか。国立大学法人法等の施行に伴う関係法律の整備に関する法律案の検討の際には？　そして、およそ15年を経た今の状況はどうなのか、「非公務員型」化はその後の教員に関する"問題"状況を生んだのではないのか？　この問題状況はデジャビュ（既視感）、つまり昭和40年代後半の状況と似ているというひともいるようですが。

👀　国立大学の法人化・非公務員型の採用は、文科省の高等教育局・初等中等教育局・大臣官房に関わる問題でしたが、その際のガバナンスはどうだっ

たのか？　こうした場合にはトップの主導性・コミットメントが重要です
が、サイロ・エフェクト（ジリアン・テット著　土方奈美訳『THE SILO
EFFECT』（文藝春秋　2016.2））だったのでは？　ある事務次官OBの説明は、
そう受け取れますが。サイロ化しない包括・連携性、柔軟な思考・複数のシ
ナリオ・プランニングはどうであったのか？　その後、組織文化の見直しは
なされたのですか？

◇　◇　◇　**かくもあっさり、ごっそり、こっそり？　そしてびっくり？**

👀　「公立の小学校・中学校・高等学校・特殊教育諸学校（現在は、特別支援
学校ですが）・幼稚園などの先生方は、国立大学の法人化・非公務員型にな
ることにより、教特法、人確法、国立及び公立の義務教育諸学校等の教育職
員の給与等に関する特別措置法、学校図書館法その他の法律が改正され、自
分たちが重大な影響を受けるとは思わなかった、自分たちに関わる重要な法
律がこんなにも、あっさり、ごっそり、こっそりと改正され、びっくりした
のではないか」、とのご指摘のようですが、これらの法律の制定の経緯、制
定の際にそれに注がれたエネルギーの大きさ、その意義は先に述べたとおり
です。そうしたことからは、そうかもしれません。少し付け加えますと、臨
教審における教員の資質向上の審議のときにも根底にあったようですが、教
員の資質向上のためには、一つは教員の給与・定数・勤務時間を含めて教員
の処遇改善と、二つに上進制も含めて免許・採用・研修などのしくみの整
備、が重要、ということです。そして、教員の資質向上を論ずる場合には、
その各般にわたり児童・生徒等の数・教員の数に留意する必要があります。
その短期的・中長期的な動向を含めて、です。立法政策からみると、興味深
い点があります。たとえば、人確法ですが、田中角栄首相の決断のもと、多
くの政治折衝・省庁間折衝を経て文部大臣と大蔵大臣との間で教員処遇の改
善の合意がなされました。奥野誠亮文部大臣は墨黒々と合意書に署名したの
に対して、せんかたない愛知揆一大臣は逆さまに判を押したい気持ちを抑
え、ひらがなで"あいち"と署名したそうです。団塊ジュニア世代以後の高
等教育機関を含めた学校教育人口・教職員数の見通しとその財政的な影響は
……。あいち大臣の心情は、如何ばかりであったか？（編者注：愛知揆一さ

152

第10　政策官庁としての機能の強化（その1）―教育の本道とは？

んも昭和39年7月18日から昭和40年6月2日までの間は文部大臣の職にありました。
なお、愛知大臣の前任の文相のときですが、法令の趣旨から納得できないとして
印鑑を逆さまに押した課長がいたそうです、真偽のほどは確認できませんでした
が）。この合意は、法律を制定し実行することになりました。人確法の原始
附則第3項は、そこに意義があります（人事院もこの合意を前提に「勧告」す
ることを了解していたのでしょう）。それを導くために本法第4条の規定（人事
院の勧告）が必要です（法制執務的には逆に受け取るべきかもしれませんが）。
人確法の制定を含めて教員処遇の改善に関わった方々のエネルギーを思う
と、「国立大学法人法等の施行に伴う関係法律の整備に関する法律」による
改正は、かくも「あっさり」かもしれません。学校図書館法の改正につい
て、父君が学校図書館法の制定にご尽力なされた元検事総長のM氏はどのよ
うに受け止められたでしょうか。「どっさり」は、上記では三法を取り上げ
ましたが、このときにかなりの数の重要な法律が改正されたからでしょう。
また、「こっそり」は、「国立大学法人法等の施行に伴う関係法律の整備に関
する法律」により、つまり、公立学校の先生にはおよそ関係のありそうもな
い他の法律（国立大学法人法等）の施行に伴う関係法律で行ったことを指し
ているようですね。「びっくり」は、国立大学の法人化が、公立学校の先生
を含めて自分に関係があるとは思えなかったことを指しているようですね。

👀　「国立大学法人法等の施行に伴う関係法律の整備に関する法律」は、大
改正でした。改正文は改正される法律の条文に溶け込み、現行法としては残
りませんから、加除式の法令集や逐年発行の法令集には掲載されません。改
正法律そのものをチェックする必要があります。検索は第156回国会（衆議
院・参議院）の資料で可能ですが、これらは立法技術・法制執務的なことで
すから、丁寧な説明が必要だったと思います。

👀　国会、文部科学省・教育委員会、マスコミは、「国立大学法人法」だけ
でなく、「国立大学法人法等の施行に伴う関係法律の整備に関する法律」の
内容まで含めて議論・報道・広報周知したのか、疑問です。後者による改正
については、当時も、その後もあまり話題に上らなかったようですね。教育
行政学・教育法規の研究者、教育法令集などの監修者・責任編集者、マスコ
ミの報道・説明などでも、です。また、文部省の初等中等教育局長をなさっ

153

たひとの"聞き書き"でも、触れていません。　ご質問の方は、国庫負担割合の変更で激しい対立となった義務教育費国庫負担法や地方交付税法の積算等との関わりでも、その前提としての給与水準の規定（教特法旧第25条の5の公立学校教員の給与の国立学校教員の準拠）、その他の規定も重要とお考えなのでしょうか？

◇　◇　◇　重大な政策の転換、その手続きは？

👀　文部科学省は人事院の外郭団体と公立学校教員給与の参考モデルを作成したそうですが、文部科学省はそれをどのようにして適用するつもりだったのか、その手立ては？　そもそもその参考モデルを利用するかしないかは、地方公共団体の判断です。「国立大学法人法等の施行に伴う関係法律の整備に関する法律」は、それまでの初等中等教育の政策を大きく転換するものでした。公立学校の教員については、以前のように、国（文部科学省・人事院）が先頭に立ち、教員の給与・処遇の改善を図ることはなくなりました。同法の制定により非公務員型を採り、現在のようなかたち、つまり初等中等教育レベルで文部科学省自らが所管する国立学校の教員、国立学校が存在しなくなったことの帰結として、初等中等教育の学校および教員に関する認識やその把握が間接的になり、文部科学省の政策使命や政策機能が、特に教員の資質向上策において低下している面があるかもしれません。小学校・中学校・高等学校の児童・生徒の急激な減少、それらの学校の教員の年齢構成から正規の教員の採用数は抑制傾向になります。それを、公立学校教員の採用試験の不合格者を含めて非正規の教員で補充することになると、教員のレベル・教員構成・働きかた・学校運営その他でいろいろな問題が生じますから。これは今後も継続します。「非公務員型」を採ったことの直接的なリスク、それがもたらすさまざまな問題への対応措置、その政策評価をせずに、教員免許状の"修士化レベル"とはどういうことであろうか、と感じたひともいるようですね。

👀　義務教育費国庫負担法の負担割合や総額裁量制の議論の際の熱さとは相当に異なっていたように思います。政策のシミュレーション・レビュー・検証の必要性は、「総額裁量制」についても必要でしょう。

第10　政策官庁としての機能の強化（その1）―教育の本道とは？

👀　重複する部分もありますが、第一に、国立大学の法人化の際に、国立大学の附属学校などの教員を「非公務員型」にすることによって解決しようとした政策課題は何であったのか、それはどのように認識されていたのか？公立学校教員との相違はどのように考えられていたのか？　第二に、非公務員型の導入に際してそれまでの教員処遇改善の施策とその効果はどう評価されたのか？　国立学校教員のモデリング・シグナリング効果（施策の効果と公立学校教員への波及効果や同質性）です。それまでの国のいわば先導的司令塔的な役割と施策の検証です。第三に、非公務員型化することの政策のシミュレーションはどうなされたのか？　非公務員型をとることの副作用はどのように考えられたのか？　非公務員化することのプラス・マイナスをどう理解していたのか？　附属学校教員への非公務員型の導入は、ある意味、国の役割の放棄です。それにより、文部科学省その他の施策の範囲は縮小し運営手段は制約されます。都道府県その他では多様性・変動性（潜在的な脆弱性にならないよう願っていますが）が拡大します。代替の政策・方法のメカニズムはどうするのか？　そのために、どういうシナリオ・シミュレーションを描いたのか、新しいシフトへの対応は？　第四に、第二と関連がありますが、特に上記三法律の改正を含めてその政策のレビュー・検証は、いつ、どのようになされたのか？　その結果は公表されたのか？　関係者による前提の合意形成および予想される副作用への配慮はどうなされたのか？　第五に、それらの施策において、都道府県等の地方公共団体の主体性が大きくなりました。文部科学省が直接的に働きかけることは縮小しました。導入後の展開は？　困難度は？　第六に、非公務員型の導入はいわば「時間を買う」施策です。その効果・影響が出るのには日時を要します。関係法律の施行で16年4月でした。それから15年ほど経過していますが、非公務員型を採用したことの影響・効果の評価、検証はどうなっているのか？　学校の教育活動・教員の勤務に関して指摘されている状況とは、どのように関わるのか？文部科学省は、義務教育費国庫負担金の負担割合の変更の際には義務教育の国の責任論・教育の機会均等論を唱えました。これらは、非公務員型の導入との関わりではどうなのか？　ご質問の方は、初等中等教育学校の教員・教職について当時やその後の状況を多角的・全般的に総括し、たとえば「白

155

書」として明らかにし、政策の方向を示すことが必要とのお考えでしょうか？

👀　先ほど、臨教審には教員の資質向上のためには教員の給与・定数・勤務時間を含めて教員の処遇改善が重要との認識があったとのことのようですが、大学の教育行政の研究者などは、最近の教員の働き方の問題の解決には義務教育・高校の定数法の数的改善が必要との見解のようですが、非正規教員の振り替え換算や教員採用試験の倍率の低下の是正が講じられなければならない、でしょう。そのためにも教員給与水準の向上は大きな課題で、それなくしての定数の改善はいかがであろうか、と思います。

◇ ◇ ◇　舞台から静かに退いた？　文部科学省

👀　文部科学省は、自ら静かに舞台から退いたということになりますか？各都道府県・政令指定都市の枠・垣根を超えて一定の指針・基準の策定に関わることを放棄したということでしょうか？　教員処遇の現状の把握・改善の戦略を検討し実行する司令塔の役割は？　政策官庁としての機能の強化ではなく、教育行政の責任官庁としての「ちから」の低下？　それとも、国立大学法人、地方公共団体の自主性・判断を尊重してのお任せ？　教育の自由化が進んだということでしょうか？　臨教審第一部会でヒアリングされた初等中等教育局長なら、この状況をどう見るのでしょうか？　もっとも、教育の自由化は、供給する側・行政内部のことではなく、教育の受け手たる保護者・児童　生徒　学生の側、つまり消費者の選択の拡大・多様性の問題でしたが。　小泉首相や竹中平蔵先生は、国立大学の附属学校まで含めて国立大学の法人化を図ろうとしたとは思えないのですが。　文科省、特に初等中等教育局の対応は、第一ラウンドとこの第二ラウンドでは逆向きのように思えますが。

👀　「国立大学法人法等の施行に伴う関係法律の整備に関する法律」は、上記のようにそれまでの政策の方向転換でしたが、その手続きはどのようになされたのか？　臨教審の第一部会のヒアリングの際に、初等中等教育局長はその説明の内容・資料について「（文部省の）省議」で了解をとっています。省議ですから、大臣・政務次官も出席しているでしょう。他方、この法律案

の内容・手続については、初等中等教育局の対処方針も不明です。当時の文部科学事務次官の聞き書きでは、ほとんどスルーです。先に述べましたが、関係法律の制定時には自民党文教部会・文教制度部会が精力的に働きました。その重要な政策転換ですが、関係部会にはどう説明し了解を得たのでしょうか。

◇ ◇ ◇　今後の学校人口・教員数の動向

👀　教員、特に小学校教員の処遇・教育力の向上を考えるときには、財政再建、地方分権の状況、教員の年齢構成（高齢化の進展と年齢層の二極化）、正規・非正規の教員の状況に注目すべきでしょう。教員の年齢構成は団塊ジュニア（第二次ベビーブーム世代）の就学時にその数に応じて多くの教員が採用され、その者が退職期を迎えていることがあります。また、大都市や工場集積の多い都府県と、地方の県とのちがいに着目する必要があります。これは、第二次ベビーブームの者が就学年齢に到達する前の昭和30年代半ば以後の高度成長期に地方から就職したひとが終身雇用制のもとで大都市・工場集積の多い地域に定着しその子どもさんが就学年齢に達したときに多く採用された教員の採用・退職の影響です。地方からの金の卵・銀の卵の集団就職（就職列車も運行されました）、 地方の「過疎」・都会の「過密」、「三ちゃん（爺ちゃん、婆ちゃん、母ちゃん）農業」のことばが生まれた時代です。教員の年齢構成の高齢化・退職とその後の若手教員の採用は、大都市地域や工場集積の多い都府県が先行しています。現在、地方で高齢の教員が多いのはベビーブームに起因します。社会的移動の影響ではありません。なお、第三次ベビーブームもありましたが、第一次・第二次に比べると、他の要因もあって緩やかで長期間にわたりました。それは「丘」になることもなく、減少傾向の緩和・停滞に留まりました。昨今、高等教育では"2018年問題"が指摘されていますが、それは第三次ベビーブームによる人口減少の緩和・停滞期間が終了したことから生じています。（編者注：第一次ベビーブームの団塊の世代を除くと、大学入学年齢に相当する18歳人口は平成4年の205万人がピークで、その後減少しています。平成20年から10年間ほどは横ばいでしたが、これは第三次ベビーブーマー（団塊ジュニアのジュニアの世代）が大学入学相当年齢に達し

たことによるものです。この終了後の平成30年（2018年）以後は減少傾向が再開しています。なお、第二次ベビーブームの者（団塊ジュニアの世代）による18歳人口の増加傾向を受け、平成初期にはその対応策として臨増定員が設けられましたが、その後、臨増定員は恒常化されました。大学数や入学定員の増加、18歳人口の減少・少子化傾向を背景に、今後はさらなる大学の定員割れの増加が予想されます。）

👀　公立学校教員の年齢構成は、教員の定数・需給・採用・退職と関わります。それらは都道府県・政令指定都市単位ですから、公立学校の教員問題はその都道府県・政令指定都市ごとに検討することになります。教員の養成は、大学の意思と文部科学大臣の教職課程の「認定」を受けて行われます。公立学校の教員採用試験の不合格者であっても、教員免許状の保持者は教員になれます。非正規教員（地方公務員法上の臨時・非常勤職員）を含めてですが。教員免許状の取得は、国家試験ではなく、大学での単位取得ですから、容易（？）に取れます。大学全入時代を背景に、それをウリにしている大学もあるとか。学生を不合格（単位不認定）にすると、その教員は学生・大学当局からネガティブな評価を受けかねません。最近の教育委員会による「教師塾」は大学の教員養成に対する教育委員会の自己防衛策と見ることもできます。非正規教員の増加は、教員の質的レベルの問題になります。合格基準が下がっているとの見方もあります。人確法の制定が望まれたころと同じく教員に優れた人材を求めることが難しくなっているかもしれません。加えて、少子化傾向のもとで児童生徒数に合わせて教員を採用すると、子どもの数がさらに減少するとそれに合わせて"首切り"の問題が生じます。この面でも文科省の政策力の向上が求められます。期待しましょう。

第11　政策官庁としての機能の強化（その2）—道、遥か？

◇ ◇ ◇　アームズ・レングスの原則

　文部科学省の政策官庁としての機能の強化に疑問符？　が付いたのは、"組織ぐるみの天下り（あっせん）問題"でしょうか？　数年前になりますが、文部科学省の組織的天下りが問題になりました。発覚の発端は、国家公務員法に反し文部科学省の高等教育局長が早稲田大学の教員として採用されたことです。「エッ、ホント！　そんなことが文科省と早稲田大学であるの？　文部科学事務次官や高等教育局長、官房長、人事課長などの要職にあったひとが、国家権力と大学・学問の自由との関係をどう考えていたの？「天下る」「天下りさせる」とは？」。というのは、大学行政の基本的な原理・原則に反することから生じた不祥事と考えられたからでしょう。これは、「第10　政策官庁としての機能の強化—教育の本道とは？」の第一・第二ラウンドとは異なり、"外圧"対応ではなく、教育行政組織の内部の問題です。　昭和20年代から昭和40年代の大学行政の歩み、さらに戦前の大学と国・文部省との軋轢、例えば沢柳事件、滝川事件は忘れ去られたのでしょうか。そうでなくても、特に文部科学省の大学に対する政策奨励・支援の個別的な補助事業が実施される状況では、「アームズ・レングスの原則」には、注意すべきでしょう。この原則は、イギリスの独立性行政機関のUGC（ユニバーシティ　グラント　カウンシル）の基本原則です（編者注：UGCは、その後、いくたびか変遷しています）。昭和45年の日本私学振興財団の設置も、その思想的系譜にありました。そもそも英国では憲法上の制約もないのに、UGCを通じて高等教育機関への補助を行うようにしたのは「アームズ・レングスの原則」からです。故竹下登さん（元首相）は、英国の例をご存知だった、と思います。私学に対する経常費の補助については、昭和30年代から多くの議論がありましたから。昭和40年実施の人事院の国家公務員（上級職）の採用試験の二次試験では、それが討議テーマだったらしいです。

〈コラム6　竹下登著・監修　政策研究院大学　政策情報プロジェクトCOEオーラル・政策研究プロジェクト『政治とは何か—竹下登回顧録』（講談社 2001.1）　から〉

　竹下さんは自民党文教部会に所属。「僕が、私学助成は憲法違反だと言ったことがあるんです。……というのは、私学振興財団、公の支配に属する団体をつくって、そこに金を出して、勝手に分けているわけです。あれは解釈改憲ですね、ほんとうに。そんな議論をしたことがありますが。」(73頁)

　昭和51年に成立した私立学校振興助成法は人件費を含む経常的経費の補助ですから、学校法人にとっては基礎的・基盤的なもので、継続的に補助すべき性格があります。これに先立つ上記のコラム6の予算補助は昭和45年度予算からスタートしました。このとき、「アームズ・レングスの原則」の観点から、文部省の直接的関与を避けるため文部省と大学の緩衝地帯（Buffer zone）として日本私学振興財団が設けられました。その後の補助金の傾斜配分や「遠山プラン」から始まった21世紀COEその他各種の補助事業、特に政策誘導・奨励支援的なものは、竹下登さんが自民党文教部会に所属した状況や時代を超えて、補助金を通じての文部科学省の関与を大きくしているでしょう、さらにこれからは大学間の競争が激しくなるでしょうから、事業の政策合理性だけでなく文部科学省の天下りあっせん・公務員倫理等を含め、いろいろの面で特に公正・適正に執行することが要請されるでしょう。

　故安嶋彌さんは、私立学校振興助成法について私学助成は機関（学校法人）補助でなく学生に対する奨学金の支給にすれば日本国憲法第89条抵触論は避けられる、との見方をしていました。この見解については、一つに私学希望者のみに対する独自の奨学金制度はどうした場合に可能なのか？　二つに国立大学の学生を含む全体の学生を対象にすれば一般的には国立大学の学生に対する支給が多くなり私学振興にならないのではないか？　三つに私立大学生のみを対象にすることが可能であったとしても、私立大学ごとの奨学金受給者に偏りが出てその結果特定の私立大学の振興策になり一定水準以上の私立大学の振興にはなっても、全体としての私学振興策にはならない、などの疑問があります（このほか、学校法人に対する直接補助でないと、私学団体は動かないのではないか、とのあまり上品でない意見もありました）。そうかといって、学校法人に対する補助にすれば、

第11　政策官庁としての機能の強化（その2）―道、遥か？

学生負担の軽減に充当されない部分があるのも事実でしょう。

　臨教審存置のころ、初等中等教育局の審議官が義務教育教科書無償の廃止・縮小の検討を持ちかけられたことがあるようですが、予算編成のシーリングのもとで高等教育費・初等中等教育費の割合・比率の変更の検討の可能性の有無についての反応を見たのでしょう。自民党文教部会関係者は教科書無償の存続に必死でしたから。ただ、我が国の高等教育の予算が小さいので（イギリスの1/3ほどでしたから）、高等教育関係者からはそうした要望はあったのかもしれません。臨教審では、議論していません。部会構成の観点から、おそらく議論が難しかったと思われます。

◇　◇　◇　**大浜信泉先生は？**

👀　文部科学省の高等教育局長などが私立大学の学長・教授などに天下るのは、「肩を組む」ことです、それにより、国からの補助金・許認可などで有利な取り扱いを受けようというのはいかがなものか？　早稲田大学総長をなさった大浜信泉先生はその回想録『総長十二年の歩み』（校倉書房　1968）で、私立学校法の補助規定について、「わずかの助成金を代償として、私学がその自由を売ってしまうことは不合理であるので、私学の自由を守るためには非常手段に訴えることを決意した。」として、GHQに直訴、自分の主張を通したことに触れていますが（335頁）、都の西北の「学の独立」は、どうなっているのでしょうか。「at arm's length」は、英和辞典にもあります。旧大蔵省主計局で科学・文化担当の主査をした故志賀櫻さんは、教育とは無関係ですが、その著『タックス・ヘイブン－逃げていく税金』（岩波書店（岩波新書（新赤版））2013.3）の「アームズ・レングス取引」で「アームズ・レングスとは腕の長さという意味で、腕の長さの距離ほどは突き放している他人とか、肩を組んでいないという意味である。」（110頁）と説明しています。

◇　◇　◇　**信教の自由の保障と宗教立法の特異性**

👀　「行政の基本的な原理に抵触するほかの例は？」、とのご質問ですが、

日本国憲法の信教の自由の保障、特に政教分離の原則について説明します。
この分野では、国会の意思の尊重＝法律完結主義、政府・行政の介入の抑
制・忌避、行政と司法の判断領域の厳密な峻別があり、厳格に守られてきま
した。ところが、あるとき、改正法律の施行日や宗教法人の「収支計算書」
の作成義務を免除する基準となる「収支額」の決定を政令に委任しました
（政省令委任ははじめてです）。この種の政令への委任は、通常は認められま
す。違法とはいえません。しかし、この分野においてこのケースでは、避け
るべきだったかも知れません。そのような思いがしました。「学問の自由」
と「信教の自由」に関する例を挙げたのは、日本国憲法の「基本的人権」に
関することがらであること、文教行政の基礎となる固有の理念、基本的・必
須の知識に関わること、臨教審の第四次答申の「政策官庁としての機能の強
化」は「教育行政」でなく、広く「文教行政」となっていること、さらには
後述する教育行政と宗教団体行政における占領下でのCIEの対応の相違と類
似性からです。

〈コラム7　CIEと宗教法人法〉
　　宗教法人法の沿革ですが、我が国の最初の宗教立法（法律）は、昭和14年の
　「宗教団体法」です。同法は終戦直後の昭和20年に廃止され、「宗教法人令」が制
　定されました。同令により、宗教集団は政府による干渉を受けることなく法人格
　を取得できるようになりました。昭和26年に「宗教法人法」が制定されます。こ
　れは、宗教法人令がポッダム勅令だったこと、宗教法人令の施行のもとで生じた
　信教の自由の濫用を是正するためです。宗教法人法の特色は、一つに、国会の意
　思の完全尊重・法律完結主義です。当初、実施細目については文部省が別に定め
　るとしていたものをこの法律自体で規定することにし、省令をなくしました。こ
　の変更は、GHQで立法を担当していたGovernment Sectionの意思でしょう。ウ
　イリアム・P・ウッダード著　阿部美哉訳『天皇と神道　GHQの宗教政策』（109
　頁　サイマル出版会　1988.4）では、（我が国の）「法務省の立法局と協議」の結
　果のように受け取れますが、何らかの間違いでしょう。日本側の「法制意見局」
　参事官（植松守雄氏）は、当然のことですが、"委任"で整理しています。また、
　CIEの宗教課が承認している案を日本側は変更できないでしょうから。当時、文
　部省総務課の審議班主査として宗教法人法案に関わった安達健二氏（後年、文化

庁長官）の「宗教法人案の作成に参画して」『宗務時報　No.11号』（4頁
1966.5）も、GS説です。また、宗教法人法は、行政権の「裁量」を無くすために
法人格付与の行政処分は「認証」とし、その要件は法律で厳密に定めています。
「覊束行為」です。二つに、信教の自由の原則に「定義」と「解釈」を与える規
定・訓示規定が多いことです。これは、特に行政庁に対する国会の"縛り"で
す。このほか、司法の権限を増大しています。行政不服前置は、そのひとつの例
です。宗教団体法と比較してですが、宗教団体・宗教法人に対する所轄庁の権限
は大幅に縮小されました（編者注：宗教団体法のもとでの事例については、宗教
団体法の立案や施行に携わった人の後年の論稿をご覧ください。戦後世代の見方
とは相違があるようです）。三つに、宗教法人審議会が文部（科学）省に設けら
れたことです。行政不服審査（審査請求）の申し立てがあったときには、文部
（科学）大臣は宗教法人審議会に諮問しその答申を受けて裁決することになりま
す。宗教法人審議会は政策系の審議会ではなく、行政不服審査を行う必要的審議
会です。この設置根拠は、宗教法人法です。その委員の構成・選任は、昭和31年
に"復権"するまでの私立大学審議会・学校法人審議会と同様でした。日本宗教
連盟加盟の5宗教団体が推薦する者から選ばれ、その者が3/4以上の多数でした。
それ以外の委員は、憲法学者を含めた学識経験者で三人（四人）でした。これ
は、CIEのダイク代将の考え方の反映でしょうか？　政府の通常の審議会の設置
根拠は、昭和50年代半ば以後は政令になりましたが、宗教法人審議会は今なお法
律です。こうしたことが、信教の自由の保障のもとでの宗教立法の特色でした。
しかし、前述のように、あるとき（宗教法人法の施行から44年後のことです）、
改正されました。戦後の宗教立法の特色は、かなり消滅しました。また、宗教法
人審議会委員の構成・選任方法が変更されました。不服申立ての相手方たる文部
科学大臣の旧職員（文部科学事務次官や当該行政処分事務の担当課の専門員・専
門職員）、この分野の行政処分や審査請求に関する論文等を有しているとは思え
ない方の選任の例もあったようです。第三者的性格・裁決の公正性の観点から疑
問は？　また、平成26年6月に行政不服審査法が全部改正されてからは？

◇　◇　◇　**教育行政の専門性と一般的な法令**

先ほど文部科学省の小泉政権での構造改革対処の事例が紹介されました
が、文部科学省は国や政府として進めることにもっと注意を払うべきではな

いか、との指摘もありました。平成11年7月に「地方分権の推進を図るための関係法律の整備等に関する法律」（地方分権一括法）が施行されました。地方分権一括法により、地方教育行政の組織及び運営に関する法律が改正され教育長の任命承認制の廃止など文部科学省に固有のものも改められました。このほか、国等の指導に関する規定の見直し、国の関与の縮小・廃止、機関委任事務制度の廃止と法定受託事務制度の創設など地方行政全般の改革・在り方からくるものについての文部科学省の対応は？　たとえば、地方の固有事務と法定受託事務に関する対処です。60歳定年制が国家公務員に導入されたときの「任期制・任用基準」、「定年制」についての理解は？　「国家公務員倫理法」や「国家公務員倫理規程」については、どうでしょうか。「行政不服審査法」については？

👀　教育も、当然、いろいろの事象と関わります。人口、財政、雇用・就労、金融政策、国土利用・地域開発と社会移動、地域社会、人生デザイン・家庭モデル、情報化・イノベーション、国際化・国際問題など、多くのことと関わります。さらに、教育の領域での動き（学校教育人口の推移・教員の年齢構成の変化、正規・非正規の教員の状況、幼児・児童・生徒・学生とそれをとりまく環境の変化、情報や学習ツールの開発や学習環境の変化、教育需要の変化と対応その他）に留意する必要があるでしょう。政策の選択肢も変化します。これは、他の行政分野にも当てはまるでしょう。これらにともない政策と行政の評価が必要です。

◇　◇　◇　教育行政・教育界のガラパゴス化？

👀　文部科学省　→　都道府県教育委員会　→　市町村教育員会の系統にこだわり過ぎるのでは？　教育は大切だ、教育は聖域だというだけでは、説得力に欠けるのでは？　教育や教育行政の関係者に受け入れられる見解だけでなく、他の分野のひとにも理解・応援してもらえるような論理・実証的データで説明してほしい、とのことのようです。横串し・横断的、全体的な議論のときの情報収集やそうしたときの対応能力が問題となります。追い込まれて後手に回ったのが、構造改革の三位一体の改革論と国立大学の法人化では？　との見方もあるようです。

第11 政策官庁としての機能の強化（その2）―道、遥か？

👀　国・都道府県・市町村の教育・教育行政は、ガラパゴス化しているのか
もしれません。教育行政などのガラパゴス化の是正は、一朝一夕には無理で
しょう。いろいろの制度的しくみとそれに根差した無意図的な意識から生じ
ている面もあるようですから。

👀　「師範学校、国立大学教育（学芸）学部の同窓組織は強いか」、とのご質
問ですが、かつて、埼玉大学と群馬大学の統合の話しがありました。予想通
り（？）、結局ボツになりました。教育学部の反対です。教育学部はそれぞ
れの県に根を下ろしていますから、県を超えて統合するのは、難しいでしょ
う。国立大学の統合は、医学部無設置県をなくそうとして設置された単科の
医科大学と、医学部のないその県の総合大学との統合を除くと、東京商船大
学と東京水産大学が統合した「東京海洋大学」でしょう。最近、国立大学法
人名古屋大学と同岐阜大学の統合などが持ち上がっているようですが、一国
立大学法人に複数の大学が所属するアンブレラ方式のようです。一大学一法
人制でない形態を認めるようです。管理部門の統合し経営の効率化を測るこ
とがねらいのようです。

◇　◇　◇　レイマン・コントロールとは？

👀　安嶋彌さんは、占領下の改革についてアメリカ側から全く理解できない
しくみが輸入され戸惑いは隠しきれなかった、省内にも「教育委員会」制度
を完全に理解している人はいなかった、と振り返っていました。安嶋さんの
著作には、安嶋さんが民間教育情報局（Civil Information and Education
Section＝CIE）との折衝を上司の内藤誉三郎さんに報告したことを記したも
のがあります。 安嶋さん "教育委員会は、地方教育行政機関でなく学校の
理事会です" 内藤さん "やはり、そうか"、と反応したとのことです。米国
の教育委員会は、地方教育行政機関ではなく学校管理機関でした。私立学校
の理事会と同様でした。学校教育法第5条［設置者管理主義・設置者負担主
義］はこの意味で理解すべきだった、ということでしょう。学校理事会の
メンバーは教育行政に専念する専門家ではありません。通常は、ほかのしごと
に従事しています。学校管理機関としての教育委員会の委員は、非常勤の職
になります。会議を夜間や休日に開催する理由は、ここにあります。かつて

165

文部事務次官をなさった方は、その"聞き書き"でレイマン・コントロールについて、「なにもアマチュアの教育委員を任命してやる必要はないんじゃないか」、といっていましたが、レイマン・コントロールの意味・その理由・背景を誤解していたようです。"聞き書き"氏も、それに異を唱えませんでしたが。 M＆R.フリードマン『選択の自由』第6章学校制度の退廃を読むと、Board of School → Board of Educationも含め、この経緯が理解できるように思います。「Professional Leadership」は事務方の教育長に求められました。特に、複数の学校を管理するようになると、です。レイマンを補佐するためです。戦後、我が国の「教育職員免許法」（昭和24年法律147号）には、「教育長」の免許状がありました。教育委員会設置の際に、教育指導と教育行政の円滑化を図るとのことから校長、教育長、指導主事にも「免許状」を設けました。が、昭和29年の同法の改正で廃止されました。教員免許法でなく教育職員免許法の題名は、教員以外の教育職員の免許があった名残りからでしょう。臨教審は、これらの者の免許制度については、検討していません。

〈コラム8　教育委員会は地方教育行政機関？　それとも学校法人の理事会？〉

　　現在は、法制上、教育委員会は、首長に属する権限を除き、都道府県・市町村の教育行政の機関です。それは、占領下の戦後改革においてアメリカから導入された制度と理解されることが多かったように思われます。が、米国の教育委員会は地方教育行政のための独立行政委員会だろうか？　それとも本来は私立学校の理事会と同じような性格の学校管理機関たる理事会だったのでは？　どこかで、誤解があったのでは？　そうした疑問を持ったのは、一つは、国レベルでは、独立行政委員会としての教育行政機関がないからです。当時も、その後も、です。これは、当時、国が実質的に行う教育行政上の権限を予想していなかったからでしょう。二つは、学校教育行政あるいは学校管理のしくみを、何故、文部省・都道府県教育委員会・市町村教育委員会の構造にする必要があったのか、都道府県立学校は実質一層構造、市町村立学校は都道府県と市町村の二層構造にする理由は？　その必要性はどこにあるのだろうか？　三つは、学校教育法第5条［設置者管理主義・設置者負担主義］を規定した意味は？　その本来の趣旨は？　四つは、教育委員会の委員の選任について任命はできるが、いったん任命すると委員

会の職務執行は制御できず、罷免事由該当以外はそれらの者を解任できないことです。住民の重要な関心事である子どもの教育について、その意思を直接に反映できないのは何故なのか（たとえば過去のことですが、公立高校の入学者選抜方法に関し東京都の学校群制、京都市の小学区制について、保護者を含め住民の意思は公的に取り上げられたといえるでしょうか？）、首長を通さないとその意思は反映できないのか、首長の選挙では、独立行政委員会制をとる限り、教育問題が選挙の公約・争点にはなりません。かつては、住民の直接選挙＝公選制の時期もありましたが。そもそも、地方（都道府県・市町村）では、独立の行政委員会でないとダメなのか。米国には、独立行政委員会として証券取引委員会、FRBなどがありますが、これらは専門性が高いものです。教育行政機関は、連邦教育省です。

　本来は、「Board of Education」ではなく、「Board of School」だったのでは？との疑問があります。そもそもは、教育委員会は学校設置者の学校管理機関だったのでは？　それも、当初は個々の学校の、です。そのように考える理由は、学校理事会の方が上記の四つの疑問を相当に解消できるからです。学校理事会の理事（委員）はステーク・ホルダーの選挙（公選制）です。Layman Control、理事の職は非常勤、会議開催時間の融通性の趣旨にも沿う、と考えられます。内藤誉三郎さんが「やはり、そうか」、と応えたとのことも納得できます（内藤さんの高等師範での専門は英語だったそうです）。また、「第3「自由化」に踊らされた？　文部省初等中等教育局」で述べたM＆R.フリードマン．西山千明訳『選択の自由　自立社会への挑戦　「新装版」』（日本経済新聞出版社　2012.6）の第6章の説明とも合致します。私立学校の所管庁を"確認"する通知を出さざるを得なかった不自然さも理解できるでしょう。

　学校管理機関であるにしても、米国でもそれだけに止まらない動きを見せたようです。良かれ悪しかれ、ですが。『選択の自由』も、紹介しています。我が国の「独立行政委員会」は、普遍的・共通的な概念として確立したものではなさそうです。都道府県・市町村の地方レベルでも、国の独立委員会である国家公安委員会・公正取引委員会その他をモデルにできたものがあります。知事・市町村長の外側に選挙管理委員会・都道府県公安委員会、教育委員会、農業委員会その他です。教育に対するニーズ・要請、学校をとりまく環境、社会の変化などによって、当然、変ることでしょう。我が国の教育委員会制度も、昭和24年の教育委員

会法制定の当初とは少なからざる変化を示しています。法律の題名も「教育委員会法」から「地方教育行政の組織及び運営に関する法律」に改められました。地方教育行政の組織及び運営に関する法律案（昭和31年3月6日　閣議決定、8日国会提出）の作成に当たった木田宏さんは、地方自治の尊重　市町村に教育委員会　第一義的な責任と権能、教育の政治的中立と教育行政の安定、指導行政の重視（アドバイス中心の行政システムの確立の必要性）、市町村・都道府県・国の間の「調和と連携」の重視を強調していましたが、特に平成になってからの大きな変化は、地方公共団体の長の役割の拡大（地教行法1条の3（大綱の策定等）、1条の4（総合教育会議）、4条（教育長の任命）と、教育長の役割・権限（13条（教育長）、14条（会議））の強化でしょう。また、地方教育行政の基本理念（1条の2）に留意すべきでしょう。

◇　◇　◇　文部省とCIE―宗教団体・宗教の分野と教育の分野での対応に相違？

👀　まず、「私立学校法」と、その前身の戦前の「私立学校令」および明治32年文部省訓令第12号「一般ノ教育ヲシテ宗教ノ外ニ特立セシムル件」との繋がりは、どうだったのか？　この勅令と訓令の制定は、不平等条約の改正（明治27年）から5年後でその施行のときです。"第二の開国"といわれた内地雑居（居留地外における居住・活動の自由）により私立学校におけるキリスト教の広まりの拡大を防ぐためにこれらの法令が必要だった、とされます。学校教育から排除しようとするものでした。明治19年に諸学校令が制定され学校制度の法的整備が進みますが、私立学校に関する法令（勅令）は、"明治32年"までは制定されません。必要がなかったからでしょう。

👀　CIEは、国家主義的規定を除いただけの「私立学校令」を基にした法令の存続、私立学校の所管庁など夢想もしなかったのでは？　米国では私立学校法はなく、まして「民間」情報教育局の方々ですから。米国教育使節団報告書は、私立学校法の内容に直接影響するものではありません。私立学校の在り方について具体的に触れたのは、昭和21年12月の教育刷新委員会の第一回建議です。昭和25年3月に施行された私立学校法は、学校法人の設立、管理、助成など規定していますが、公費助成の法的可能性を明確にすることが目的だったようです。つまり、戦災対応措置・救済です。明治32年ごろの状

第11　政策官庁としての機能の強化（その2）―道、遥か？

況などは、全く念頭になかったようです。大学の設置認可さえ、戦後当分の間は、大学基準協会の基準と判断でなされていました。戦前の学校、特に宗教系の学校には米国人もおりました。昭和23年の13大学（神戸女学院大学を含め宗教系の大学が多数。仏教系の大学も含まれていました）の前倒し（あるいは抜け駆け？）の設立認可や、宗教法人の扱いを折衝した福田繁さん（文部省宗務課長吉田孝一氏の公職追放後の昭和21年5月から昭和23年5月26日までの宗務課長。後に文部事務次官）の相手方だったW・K・バンス課長の経歴（昭和11年から昭和14年まで旧制松山高等学校の英語教師）をみても、戦前の学校には米人教師もおりました。後にバンス課長と一緒にしごとをしたW・P・ウッダードは、北海道・大阪・東京などで宣教師として伝道に従事しています。

👀　米国の教育・教育行政のしくみについてほとんど知らなかった、と安嶋彌さんは日本側の認識を述べていますが、教育の分野と宗教団体・宗教の分野ではCIEの対応に大きな落差があったのかどうか。文部省内における二つの分野の連絡は、どうなっていたのか。三土修平『靖国問題の原点（増訂版）』（日本評論社　2013.7）には「1945年9月22日　GHQの特別参謀本部のひとつとして民間情報教育局（CIE）が設置される。初代局長は、K.R.ダイク。教育宗教課が設けられ、その下に教育班、宗教班が設置される。教育班長はR. K. ホール、宗教班長はW. K.バンス。後に11月28日に宗教班は宗教課に昇格し、バンスは課長になる」（303頁）、「10月12日　東京帝国大学文学部助教授岸本英夫が、文部省を通じてCIEの宗教顧問に就任を要請され、承諾。岸本はこれ以後11月にかけて約10回にわたりバンスに対して神道の個人講義を行いながら、CIEの神道に対する政策立案への参考意見を述べ、日本の神道関係者の意見の取り次ぎも引き受ける。」（302頁）とあります（編者注：神祇院（昭和15年11月9日勅令第736号により創設、神宮・神社を所管。内務省の外局）の所掌事務を文部省へ移管するとした閣議決定（昭和21年1月25日）、神祇院官制の廃止（同2月2日）のときの三土忠造内務大臣は、『靖国問題の原点（増訂版）』の著者三土修平氏の祖父にあたるとのことです）。高木きよ子「岸本博士と占領時代の宗教政策」井門富士夫編『占領と日本宗教』（未来社　1993.8）には、岸本英夫助教授は10月12日文部省総務課、前田多門文部大臣を訪ね、司令部

169

顧問の就任を依頼されます、「それは日本側の情報不足に頭を悩ました司令部と、司令部の一方的な押しつけ命令に困じ果てた文部省がとった現状打開で、……。」（425頁）、その際南原繁東京帝国大学法学部長から就任の説得と激励を受けたことが記されています。担当官ダイク代将、その下にヘンダーソン（当時、コロンビア大学教授）そしてWバンス。「ダイク氏、バンス氏はじめ司令部関係との人間関係は非常によく、お互いに信頼関係で結ばれていた」（高木前掲論文427頁）という。岸本氏の司令部での仕事は、集中的には昭和21年末までだったが、その後も何かと相談にあずかっており、教育、青年運動、新聞、ラジオ、映画・演劇などの分野についても意見を求められることが多かった（高木前掲論文435頁（5）（9）。この原典は、岸本英夫『戦後の宗教と社会』（岸本英夫集第五巻）10頁　渓声社　1976）。バンス、ウッダードは日本在住の経験もあり、ヘンダーソン（福田繁「検証　GHQの宗教政策」（文化庁宗務課編『宗務時報』79号）によれば、「GHQ宗教課の顧問として来日していたコロンビア大学のA教授が離日に際して、私を第一ホテル（編者注：ヘンダーソンの自室は第一ホテルにありましたから。）に呼んで「君のようにものをはっきり言う役人は珍しい。よく首にならなかったね」などといって励まして呉れた」のも印象的だった。）という状況で（編者注：ただし、神道指令は連合国軍最高司令官総司令部参謀副官第3号からも分かるように、当然にCIEを超えるものがあった。安達健二氏は宗教の分野でもGSの意向でCIEとのまとめが変更されたと思われるものもあった、という。）、特に日本側と信頼関係（？）があったダイク・ヘンダーソンの対応は、宗教団体行政・宗教行政の分野と教育の分野では異なっていたのであろうか？　（宗教の分野では）「法の下で暮さなければならない国民は、それについて意見を求められなければならないという原則があります。我々が、我々の間だけで草案について同意してしまうことは、国民にその意見を述べさせる機会を与えないで法律を制定するという罪をおかしてしまうことになります。」（ダイク。ウイリアム・P・ウッダード著阿部美哉訳『天皇と神道　GHQの宗教政策』98頁　サイマル出版会　1988.4）、昭和20年12月28日の「宗教法人令」の制定前に築地の西本願寺で宗教団体関係者への説明会が開催され日本宗教団体とも接触していました。かつ、橋渡しをする岸本英夫氏の存在があり、CIEに知日の人がいました。こうした事情

は、前田多門文部大臣、大村誠一文部事務次官も承知していたでしょう。前掲の『天皇と神道　GHQの宗教政策』には、「宗教と教育にかんする事項について顧問となる日本人の学者を推薦するようにとの民間情報教育局の依頼」（39頁・23頁）とあります。また、有光次郎メモには「岸本英夫氏ヨリ「神道ニ関スル指令」ニツキ聞ク　三ケ月準備ニカケ、日本側ハ資料ヲ提出シ　判断ハ先方ニアリ。但シ日本ノタメヲ考エテイル故ニ文字ハ峻厳デモ内容ハ大体我ガ方ノ見方ガ容レラレタ。米本国ヘノgestureガ三分ノ一　アルト。（以下略）」（文部省省議20.12.24（月））、とあります。監修　木田宏『証言　戦後の文教政策』（37頁　第一法規　1987.8）には、有光次郎（編者注：アメリカ教育使節団の来日当時は文部省教科書局長）「教育制度については、東大の海後宗臣さんに呼びかけて、主任教授として、もう少し日本の教育の在り方についてアドバイスをしたらどうか、といったものです。海後さんも信用があって、教育関係の顧問みたいになっていました。歴史の授業停止とか、教科書の回収などについても、私たちより早く知っていました。……」、とあります（編者注：海後氏がどういう立場で、どの期間、誰と接触したかは、不明です、有光氏も海後教授から聞いていなかったようです）。教育の分野では、米国教育使節団が昭和21年3月5日に来日、京都・奈良方面も含めて一カ月ほど滞在し、CIEの教育分野の将校および日本側教育者などと協議して同年4月7日には報告書を提出しています。教育の領域では、ダイク代将を超えるレベルでの判断があったのでしょうか？　私学関係者の限られた事例を除くと、教育の分野ではCIE側に率直に意見・見解を述べることができる状況ではなかったということでしょうか？　留学帰りの教員や日本に在住の米国人からアメリカのしくみについて情報を得ることは？　アメリカの教育制度の理解、占領下での対日政策への対応には大きな困難があったということでしょうか？（編者注：CIE（民間情報教育局）の設置とその任務については、『天皇と神道　GHQの宗教政策』を参照ください。故阿部美哉氏は、高等教育の研究者でもありました。）

◇　◇　◇　**戦後改革における教育委員会制度の誤解？**

👀　戦後の教育・教育行政制度は米国から導入されたとの見方や紹介が強い

ようですが、その導入に当たっては日本側の考えは、どの分野で、どの程度、どのように反映されたのか？　教育委員会制度については文部省側に誤解（？）があり、私立学校法についはCIEには「これ」で、というものはなかったでしょう。我が国独自の新たな展開というべきものであったかもしれません。GHQは内務省には強い方針だったようですが、他の官庁については癒着ともいえる状況があったとの見方（草柳大蔵『内務省対占領軍』（8・9頁　朝日新聞社　1987.6））もありますから。また、同じ省庁でも、厳しいものと、緩やかなものがあった、また折衝に当たった人の受け取り方の問題もあったかもしれない、ということでしょうか？

👀　私立学校の所管庁が都道府県知事というのは？　確認の通知（昭和23年12月末の文部事務次官通知）？　そもそも、CIEには私立学校に対する所轄庁なんて、念頭になかったでしょう。これも、「Board of Education」ではなく、「Board of School」を裏付けます。（編者注：安嶋氏は、後年、「アメリカ流の教育委員会という考え方は、要するにタックス・ペイヤーの考え方であって、設置者管理なんでね。……私立学校では理事会なんです。」「CIEの指示により、所管は知事部局と決まり、衝撃を受ける。」「地方自治法の一部改正によって、教育学芸に関する事務が都道府県知事から都道府県教育委員会に委譲されましたしね。」「文部省側は、教育委員会は設置者として公立学校を管理するけれども、それ以上に地域の一般的な教育行政機関としてとらえ、私立学校もその所管に属するという考え方でした」、と（監修　木田宏『証言　戦後の文教政策』（126・127頁　第一法規　1987.8）。）　歴史にIFはないでしょうが、そうした“誤解（戦後の地方教育行政の基礎づくり・基本的方向付けを間違えた）”がなければ、その後の教育行政はどうなっていたのでしょうか？　ガラパゴス化は？　上記のような“（本来の）アメリカの教育委員会”についての説明は、公的にはなされたのでしょうか？　今でも、“誤解”の状態が続いていることは？　近年、教員の職務（授業・クラブ活動、家庭・地域社会との連絡連携、各種の事務処理、特別支援教育の多様化・対象人数の増加、子どもの学習・進学就職指導・支援その他）、働き方が問題になり、教育現場の深刻化が取り上げられる機会が増えました。これらの問題を含めてですが、地方公共団体、とりわけ教育委員会の職務権限に関する教育施策・教育

行政について、地域住民や子どもの保護者は、どのようなかたちで「教育意思」を表現できるのでしょうか？　首長等を通してでしょうか？　"誤解"の代償は、高くついたということでしょうか？

〈コラム9　文部省の復権？〉

　終戦後の教育行政の機構については、国レベルでは文部省の廃止論があり、行政官庁として存在してもサービス・ビューローとしてとのことだったようです。文部省は、何ら行政処分の権限や準立法権を有していませんでした。教科書の検定は暫定的に国（学校教育法）、学習指導要領は文部省の刊行物で試案（Tentative）でした。大学の設置認可もアクレディット型でした。文部省には、多くの審議会が設けられましたが、これは、科学性・合理性の確保を重視、尊重したことによります。専門性・学問的意見が尊重されます。この典型は、大学の設置認可、国語施策に見られます。

　GHQは、私立学校・私立大学の設置に関しては文部省・教育刷新委員会の頭越しに日本私学団体連合会と検討を進めました。文部省、私学団体連合会との二元交渉や私学関係者が独自に交渉します。占領下でも私立大学審議会は文部大臣の諮問機関として設けられますが、私大審は、3/4以上が私立大学の学長・教員、私立大学を設置する学校法人の理事（私立大学の団体が推薦する候補者のうちから任命されます）、1/4以内が学識経験者で構成されます。文部大臣は、①私立学校の設置廃止・収容定員にかかる学則の変更等の認可、②私立学校の閉鎖命令、③学校法人の寄付行為の認可、④学校法人の解散命令を行う場合には、同審議会の意見を聞かなければならない、とされていました。当時の私立学校法の規定です。大学の設置認可に関しては大学設置審議会に諮問しなければならないとされ、その大学設置審議会は文部大臣の申し出によって内閣総理大臣が任命する委員45人から構成されますが、その委員の約半数は大学基準協会から推薦された者が選ばれます。大学基準協会の「大学基準」が実質的に文部大臣の認可の基準となりました。当時の大学基準協会は、GHQの介入（？）により組織されたものです。つまり、高等教育機関である場合には、許認可に関する権限の行使は大学基準協会・大学設置審に拠っており、文部省は実質的な権限を有していなかった、との見方です。占領の終了後、昭和31年10月に大学設置基準は文部省告示となります。これを、"文部省の復権"という人もいました。現在は、これらの審議会は、文部科学大臣の諮問機関の大学設置・学校法人審議会です。

以上は、基本的にはアメリカの大学はアクレディット型で、日本の大学はチャータリング型ということです。占領下でのアクレディテーションを加味したチャータリングから、昭和31年には大学基準協会の関与を排除した、より純化したチャータリング型に転換・復帰したということでしょう。両スタイルには、それぞれ長所と短所がありますが、チャータリング方式を採るときには、学問の自由の保障の観点から、たとえば、イギリスのUGCのアームズ・レングスの考え方も考慮すべきではないでしょうか。"復権"に際して両者の長短、短所の是正策がどのように考慮されたのかは、不明です。

　占領下の改革で失われた文部省の権限は、昭和33年までにはほとんどが回復しています。大学の認可、文部省の教科書検定の恒久化、学習指導要領の法的基準性の明確化、特設道徳の設置です。その評価は、積極・消極、いろいろあるでしょう。また、昭和26年に文化財保護法の制定により新たに設けられた独立の行政委員会としての文化財保護委員会は、昭和43年に文部省文化局と合体し文部省の外局として文化庁となりました。その際に設けられた文化財保護審議会の所掌事務は、現在は、文化審議会の所掌となっています。

👀　国際化・情報化の進展はそうしたことの改善に役立つかもしれませんが、領域や枠を超えた発想のためには、文部科学省、都道府県教育委員会、市町村教育委員会の専門性の深化・進化とともに、複眼的・多角的な観察・思考が求められるのかもしれません。平成になってからの地教行法の改正は、この観点からも留意すべきかもしれません。長期間にわたり、そしてあるときには教育の中立性の確保の必要性があって形成されたガラパゴス化を打破するためには。

👀　最近は、文部科学省関係者の政策論の発信・教育の実態・動向の記事が減っているようですね。かつては、『文部時報』、『教育委員会月報』その他の文部（科学）省の広報誌、民間でも第一法規出版の『学校経営』などで論文・解説記事などを発表していましたが、最近はなくなったようですね。もっとあってほしいですね。インターネット社会になり、その方法が変わっただけではないように思いますが。政策官庁としての機能の強化は、文部

第11　政策官庁としての機能の強化（その2）―道、遥か？

（科学）省への臨教審の熱きエールでしょうから。

第12　リクルート事件　臨教審ルート？

◇ ◇ ◇　リクルート事件と臨教審？

👀　臨教審・教育改革に影響を与えたかどうかは分かりませんが、リクルート事件、T氏の衆議院議員選挙の立候補準備に絡む問題をネガティブな面として指摘する声があります。リクルート事件は、臨教審の設置期間（昭和59年8月8日〜昭和62年8月20日）には公けにはなっていませんでした。リクルート事件の第一報は、昭和63年6月18日です。山本祐司『特捜検察物語　下』（講談社　1998.9）には「臨教審ルート」とあります。山本祐司さんは、元毎日新聞東京本社の社会部長や編集委員を務めています。著書には『最高裁物語』もあります。平成29年7月にお亡くなりになりました。西岡武夫さんが文部大臣になってからの生涯学習局長（前職は臨教審事務局次長）の交代は、それと関わりがあるのかどうか？　リクルートとの接触の有無についてマスコミから取材された元調査員（臨教審は解散していますので、［元］になります）もいたようです。

👀　「リクルート事件臨教審ルートといわれるものは何か、リクルート事件と臨教審はどう関わるのか」、とのご質問ですが、リクルート事件では、「政界ルート」、「NTTルート」、「労働省ルート」、「文部省ルート」といわれる四つのルートがありました。臨教審ルートは捜査段階ではあったのかもしれませんが、臨教審ルートはそれ以上にはなりませんでした。江副『リクルート事件』には、次の記述があります。

> 「リクルートの広報室は関連記事のすべてを切り抜いてファイルしており、その数はA三判サイズの大型ファイルが全部で二七冊。そのうちの半分ほどは朝日が占めていた。初公判が始まる前、私はそのファイルのコピーを届けてもらい、目を通してみた。初期には、コスモス株譲渡が証取法違反にあたるのではないかとの報道が続き、やがてNTT経由のクレイ社のスパコン問題が浮上、リクルートがNTTに何か便宜を図ってもらったのではないか、との疑惑が持ち上がってくる。その後、文部省、労働省、また就職協定の問題と絡んで臨教

審、……へ　と、疑惑は政界まで拡がっていったことが確認される。」（237〜238頁）

👀　臨教審やその事務局関係者にリクルート関係者から働きかけや接待などがあり、審議状況の提供や好意的な取り扱いがあったのではないか、との疑惑のようです。江副さんや「リクルート」からの臨教審に対するアプローチは、どうだったのか？　リクルートコスモス株を受けた者は、臨教審事務局関係者にはいなかったようですが。第四部会と第二部会は、江副浩正さんからヒアリングをしています。リクルート事件のころは、国家公務員上級職の青田買い、「就職協定」の遵守に絡む問題があったようです。村山治・松本正・小俣一平『田中角栄を逮捕した男　吉永祐介と特捜検察「栄光」の裏側』（朝日新聞出版　2016.7）は、「特捜部は応援体制を組み、政界ルート、文部省ルート、労働省ルート、NTTルートの四つのルートで捜査を進めた。……」（165頁）、と。「臨教審ルート」は、ありません。山本祐司『特捜検察物語　下』や江副『リクルート事件』とは、異なっていますが、それらの執筆時期が異なっていること、捜査の展開状況がちがいますので、そうなったのかもしれません。

◇　◇　◇　**リクルート事件とは？**

👀　「リクルート事件とは、何か」、とのお尋ねですが、「1988年に発覚した政界、財界、官界を巻き込んだ戦後最大規模の汚職事件です。値上がり確実だったリクルートコスモス（現コスモスイニシア）社の未公開株が76人に譲渡されていた。そして国会議員2人を含む12人が起訴され、全員の有罪が確定した。中曽根康弘、竹下登、宮沢喜一、安倍晋太郎、渡辺美智雄氏ら大物政治家にも譲渡されていたことが発覚し、竹下首相が退陣するなど政界は大混乱した。」（五百旗頭真・伊藤元重・薬師寺克行編『森喜朗　自民党と政権交代90年代の証言』（79頁　朝日新聞社　2007.10））という事件です。江副浩正さんは、江副『リクルート事件』で「本書は私が書いたものであるから、私にとって都合のよいように書いてあるところも少なくない。本件がもし検察側から『リクルート事件・検察の真実』として書かれれば、別の読物になるで

あろうことも、お断りしたい。」（「はじめに」3頁）、と記しています。「あとがきのあとがき」（388頁）にも、同様の趣旨の記述があります。

〈資料15　リクルート事件（平成元年）　神山敏雄『［新版］日本の経済犯罪—その実情と法的対応』（日本評論社2001.7）から〉

　「本件は、リクルートが事業拡大維持を図って官界、政界、NTTの有力者に、金銭、未公開株、接待、政治献金等の利益を供与し、その見返りとして便宜を受けたとされる事件である。本件は、政界・官界・業界の構造汚職として最大級の事件であり、竹下内閣を崩壊させた。

　政界ルートでは、その時の官房長官Fが起訴された。第一審は無罪判決を言い渡したのに対し、検察側は控訴した。第二審は、1997年3月24日、懲役3年（執行猶予4年）、追徴金4,270万円の逆転有罪判決を言い渡した。被告人Fは上告したが、最高裁は、1999年10月21日までに、上告を棄却した。起訴から10年ぶりに有罪判決が確定した。さらに、I代議士（元公明党衆議院議員）も受託収賄罪で起訴され、懲役3年（執行猶予4年）、追徴金1,835万円の有罪判決（確定）を受けた。

　文部省ルートでは、元文部事務次官Tは、一審で懲役2年（執行猶予3年）、追徴金2,270万円の有罪判決を受けたが（東京地裁平成7年12月8日判決）、二審では懲役2年6月（執行猶予4年）、追徴金追徴金2,270万円の有罪判決を受けた。Tは上告したが、最高裁は、平成14年10月23日までに上告を棄却。労働省ルートでは、元労働事務次官Kは、懲役2年（執行猶予3年）、追徴金681万円の有罪判決（確定）を受けた。元労働省課長Kは、懲役1年（執行猶予3年）、追徴金134万円余の有罪判決（確定）を受けた。

　リクルート社の贈賄側では、元会長Eは一審で審理中、……。

　「企業・政治家・官僚間の汚職事件のほとんどにおいて、企業は経済活動において優位を保ったり、その便宜を図ってもらうために多額の賄賂を政治家や官僚に送る。この種の腐敗行為は競争経済秩序を侵害し、経済的利害を取得する経済的犯罪の性質も有することも確認すべきである。」（340頁）。（編者注：本書の刊行は2001年7月です。まだ判決が確定していないものがあります。）

〈資料16　リクルート事件略年史　江副『リクルート事件』その他から作成〉

　昭和63年6月18日　朝日新聞朝刊、リクルート川崎テクノピアビル建設に関す

第12　リクルート事件　臨教審ルート？

　　　　　　　　　　　る疑惑の報道。リクルート事件の発端
昭和63年7月11日　　江副浩正氏、政府税制調査会委員、教育課程審議会委員・
　　　　　　　　　　　大学審議会委員辞任
昭和63年10月12日　　衆議院の「税制問題等調査委員会」（自民党海部俊樹委員）
　　　　　　　　　　　による江副氏への病床質問（半蔵門病院）
平成元年3月8日　　　K元労働事務次官、逮捕（収賄）
平成元年3月28日　　T氏逮捕（収賄）。江副、T前事務次官への単純贈賄容疑で
　　　　　　　　　　　逮捕（江副三回目の逮捕）
平成元年3月28日　　（T・江副両氏の逮捕された日）　文部省初等中等教育局長
　　　　　　　　　　　「高等学校における進路指導の充実について」（通知）を発
　　　　　　　　　　　出（江副『リクルート事件』167頁）。
平成元年4月14日　　リクルート事件に関連し文部省初等中等教育局長・官房
　　　　　　　　　　　長・生涯学習局長更迭（日外アソシエーツ編集部『日本教
　　　　　　　　　　　育史事典—トピックス1868–2010』日外アソシエーツ
　　　　　　　　　　　2011.5　より）
平成11年10月21日　　最高裁、F氏の上告を棄却。懲役3年、執行猶予4年、追徴
　　　　　　　　　　　金4270万円の刑が確定
平成14年10月23日　　最高裁、T氏の上告を棄却。懲役2年6カ月、執行猶予4年、
　　　　　　　　　　　追徴金2270万円の刑が確定
平成15年3月4日　　　江副浩正有罪判決（懲役3年、執行猶予5年）
　　　　　　　　　　　江副氏の法廷は第1回公判（平成元年12月15日）から一審
　　　　　　　　　　　判決まで13年3カ月。判決時は山室恵裁判長。（3月18日検
　　　　　　　　　　　察側、弁護側ともに控訴せず、判決が確定）

◇　◇　◇　**リクルート事件、臨教審問題**

👀　江副『リクルート事件』には、リクルート事件Ⅳ—「政界ルート」のなかに「臨教審問題」の見出しがあります。
「臨教審問題については取調べ中に再三尋問されたが、結局これといった問題点が見つからなかったようで、主任検事（編者注：宗像紀夫検事）も臨教審に関する請託疑惑については訴因としないと裁判冒頭で明言していた。にもかかわらず、検察側は平成二年九月頃から臨教審関係者を証人として召喚し、尋問を行っていた。」（283頁）。江副氏が紹介しているのは、平成2年9月

179

7日の第25回公判での臨教審事務局次長、第27回公判での主任調査員の証言の一部です。臨教審ルート（江副『リクルート事件』282〜285頁）では、江副氏は「検察側の申請で、（両氏の）ほか臨教審関係者が証人として出廷したが、リクルートが臨教審に青田買い問題を答申で取り上げてもらうよう働き掛けたという証言は一つもなかった。」、といっています。二人以外の臨教審関係者とは？　臨教審の審議状況などの情報を提供した者はいなかったのかどうか？　臨教審第一次答申には、学歴偏重と就職時期・青田買いなどに関する記述があります。そこでは、学歴社会の弊害是正策の一つとして、「企業・官公庁においては、有名校の重視につながる就職協定違反の採用（青田買い）を改め、指定校制を撤廃するなど就職の機会均等を確保するため、一層積極的に努力していくことが望まれる」旨が提言されています（284頁）。

　主任検事は、第二回公判でF氏に対する請託には臨教審でも青田買いの問題を取り上げて答申に盛り込んでいただきたい旨の依頼を含む趣旨ではない旨、述べたとしています（江副『リクルート事件』269頁）。　就職協定、国家公務員上級職試験の最終合格者の発表の時期、就職情報誌の配布時期の規制に関するリクルートの考え方などについての取り調べ状況などについては、江副『リクルート事件』（212〜215頁）を参照してください。訴訟記録を渉猟していないので、同書からの紹介に留めます。

〈コラム10　「就職協定」〉
　就職協定は昭和62（1987）年に廃止されました。元日経連（経営者団体連盟）会長根本二郎氏の説明理由
（企業の採用活動の解禁日などを決める協定が守られていない実態を受けて）意見を聞いた大企業の大半は廃止に反対、正直者が馬鹿を見る事態は看過できない、学生が社会人になる第一歩で、不正に手を染めるようなことをさせてはならない（朝日新聞2015年3月14日夕刊より）。

　城山三郎『運を天に任すなんて　素描・中山素平』（光文社　1997.5）には、臨教審では学歴社会の是正と関連し企業の就職協定が問題にされたこと、「だが

第12　リクルート事件　臨教審ルート？

協定がなくなれば、早くから青田買いが始まり、いわゆる一流大学がますます有利になる。協定は残して改善するほかないというのが、中山たち財界人委員の考え方であった。」ことが紹介され、このことがリクルート事件が起こると、意外な面倒を中山にもたらした、と述べています（159〜160頁）。

👀　臨教審ルートは、裁判では訴因になっていません。臨教審事務局の関係者でリクルート社から接待を受けた者はいなかったのかどうか？　文部省では、リクルートから100回近く接待を受け、飲み代をリクルートにつけ回した調査官がいたようです（江副『リクルート事件』171頁）。この調査官は、懲戒処分を受けたようです（前掲『日本教育史事典―トピックス1868－2010』参照）。文部省にはこのほかはいなかったのかどうかは、分かりません。前掲の両書は、臨教審事務局については触れていません。T氏のリクルートコスモス株の譲渡の報道後に、「あなたは、安比高原にゴルフに行ったことはありませんか？」「「三年会」とは、何ですか？」などと、マスコミから取材された元臨教審事務局員もいたようです。「三年会」というのは、どうやら臨教審の設置期間が三年間だったので、それにあわせてつけた親睦組織の名称らしいですが。

👀　臨教審事務局が疑問の目で見られたとすれば、一つは就職協定・青田買いなどについての審議状況の漏えい、二つは就職情報の提供を業務とするリクルート関係者との接触・接待の有無、と憶測するひともいたようです。

◇ ◇ ◇　西岡武夫文部大臣のけじめ？　説

👀　臨教審事務局の関係者には、接待や疑惑があった？　元事務局次長は、西岡武夫さんが文部大臣に就任してから、平成元年4月ですが、文部省の官房長・初等中等教育局長（肩書は辞職時）とリクルート事件のけじめ？　として辞職を求められた、といわれました。けじめを求められるようなことがあったのか、どうか？　御手洗康さんは、当時の官房長、T事務次官のときの官房長は役所の人事紀律の責任者ということだったのでしょうか、初中局長と生涯学習局長がやめた理由はわかりません、Tさんが事件を起こしたからといって、それになにがしか関わったわけでもない官房長がどうして二人

181

も辞めなければいかないのか、という気持ちが非常に強かったですね、こういうケースでは役所としては次官が責任を取るという形で落ち着くものと思っていましたから、私だけでなくて、当時の文部省内ではみんなそう思っていたと思います、と言っていますが。その次官が事件の当事者ですから、このようなケースでは官房長以下は上司の件を調べることは難しかったと思います。

👀 山室恵裁判長は、江副判決で「過剰接待」を指摘しています。江副『リクルート事件』には文部省・労働省の幹部・職員のそれらについて記したところがあります。文部省・労働省のほか、臨教審が就職問題を審議するということだったようですから、臨教審の事務局員にはいなかったのかどうか？西岡大臣のけじめには、リクルートからの接待問題があったのかどうか？西岡大臣は、教育行政に長く深く関わり、また、筋を通す人だったようです。以前の文部省のI局長の筆禍事件のときには自民党文教部会長でしたが，厳しい対応を求めたようです。自民党から離れた後にも、自民党に復党することはありませんでした。しごと熱心で夜中でも思いつくことがあると電話をした、との話しもありました。

◇ ◇ ◇　**選挙準備**
👀 江副『リクルート事件』には、Tさんは、毎週末福岡に帰り、後援会を結成し選挙の準備をしていた、無罪を確信、被告人の身でありながら、第一回公判前に衆議院議員選挙に立候補した、文部省関係の法案を通すときには、文部省OBの衆院議員が文教部会長になり衆院の文教委員会に籍をおいて文部省の課長と連絡を取るようにすれば文部省関係の法案を国会で通しやすいからである、当然文部省も陰ながらTさんの応援をしていた……（177頁）、との趣旨の記述があります。Tさんは、福岡県出身で立候補予定の選挙区がありました。

　福岡県教育長に転出していた前述の御手洗康さんは、そうこうしているうちに、つまり、リクルート事件、三人の辞任が起こっているうちに、福岡県では、Tさんのパーティ券の問題が起きたんです、福岡県だけではなくて、Tさんが衆議院議員選挙に出るためのパーティ券を県の教育委員会関係者が

第12　リクルート事件　臨教審ルート？

購入した、あるいは斡旋したということが特に九州を中心にいくつかの県で報道されていました、といっています。　御手洗康さんのその前の職は、文部省の教科書課長です。教科書問題で臨教審対応をした人です。福岡県教育委員会の教育長は文部省の出向ポストだったようです。前任者も文部省からの出向でした。パーティ券購入や虚偽の答弁で辞職しています。当時の福岡県知事は、奥田八二さんです。奥田さんは大学紛争の激しいときに福岡市の六本松にあった九州大学教養部長を務め、学生には毅然とした態度・行動・意見で対応していましたから、教育委員会のこととはいえ、苦虫を嚙むような思いだったかもしれません。城山三郎さんの前掲書に拠りますと、臨教審の公聴会が福岡で開かれたときには、会長代理の中山素平さんが奥田知事を訪問しています。なお、Tさんは、立候補辞退を声明しましたが、平成2年に無所属で立候補し落選しています。

👀　T氏の国会における答弁などについては、昭和63年11月の第113回国会の衆議院・参議院の関係議事録（昭和63年11月21日衆議院での証人喚問、昭和63年11月22日参議院文教員会での前文部事務次官とリクルート疑惑との関連に関する件）を参照してください。国会ではリクルート事件だけでなく、いろいろのことが指摘されています。衆議院議員選立候補に関しては、Tさんが関係する生涯学習振興財団の在りよう、福岡県教育長の虚偽答弁、その他の事案が取り上げられました。日本私学振興財団から私立学校振興助成法に基づく補助を受けている大学からも、Tさんの生涯学習振興財団は寄付金を受けていたようです。そのほかの大学でも、選挙対策出版物の購入、選挙資金集めのパーティー券の購入などがあったようです。私立学校振興助成法は自民党衆議院議員の議員立法ですが、制定時は文部省管理局振興課長でしたから、『ジュリスト』（No.603号　1977.1.1）で「私立学校振興助成法」の解説を執筆しています。また、平成23年7月ですが、「要するに、適正な補助金を出す以上は、寄付金や入学金については常識的に考えて、社会の親たちの納得できるかたちで運営していかなければいけないと。だから、私学助成法と監督権の強化の評価をする場合には、私学の本当の健全性を高めるためにはどうだったのかという評価が必要なんです。……」、と話しています。これの"聞き書き"氏は、私立学校振興助成法に基づく補助金を受けた大学からの

Tさんが関係した生涯学習振興財団への献金、リクルート事件、選挙関連の事案などに関する質問はパッシングです。

◇ ◇ ◇　**"聞き書き"、その難しさ**

👀　竹下登元総理と政策研究大学院大学の伊藤隆・御厨貴さんの対談とは異なり、上記聞き書きでは故竹下登総理の対談で内藤武宣さんが果たした役回りをする人はいなかったように思います。内藤さんは、福岡の修猷館高校から早稲田大学に進みました。リクルート事件でリクルートの申し出を隠し撮りした楢崎弥之助さんの高校の後輩です。空手もしますが、美術・文化財保護にも関心がありました。丁寧なしごとのひとでした。竹下登著・監修　政策研究院大学政策情報プロジェクトCOEオーラル・政策研究プロジェクト『政治とは何か―竹下登回顧録』（あとがき　講談社　2001.1）でも記されていますが、内藤さんは良くフォローしていたようです。「インタビューを終えて」には、（竹下氏との）「月一回二時間のインタビューは伊藤（隆）と御厨（貴）、それに内藤武宣氏（竹下氏の女婿）を交えて行われた」「なお最後に、インタビューに全面的に協力して下さった内藤武宣氏を始めとする竹下家の方々、……に、心から感謝申し上げる。」とのことばがあります。聞き手側がグループで入念に準備し、元首相には二人で質問・対応し、元首相の説明については内藤武宣さんが事実関係を確認し、その記憶違い、誤認などをチェックしていたようです。

　平山郁夫先生と谷久光さんの聞き書き『文化財赤十字の旗』（博文堂新社2011.1）の原著も丁寧です。谷さんは、朝日新聞の論説委員をして退職後は、文化財保護では平山先生とは長い付き合いがありました。この書は、そうした実績をもとになされています。

👀　"聞き書き"は、自分で書くよりずっと難しいでしょう。直接の当事者・関与者の証言の集大成で、政策や行政その他に関する重要な決定・行動を振り返り、また次のステップの検討に素材を提供する、いろいろな意味で重要な資料でしょうから。聞く方には、聞き書きの相手方の実像の紹介のための力量が求められるでしょう。問題意識と相手方の人選、基礎的・専門的知識、情報収集・課題と質問事項の整理などの準備、次に、聞き書きのその

第12　リクルート事件　臨教審ルート？

場での即応力・対応力、さらに事後の事実確認が必要です。そうでないと、相手の情報・説明の一方的な流れ、合理化・正当化に終わる可能性があります、勘違いやミスも出るかもしれません。聞き書き中の長い時間が経過し相手方の気が緩んだときに、相手の予想外の質問をして本音を聞き出すことも、必要かもしれません。聞き手の方は、見方・見解の異なる複数のひとでの準備・対応が必要かもしれません。

◇　◇　◇　"聞き書き"『法の番人として生きる　大森政輔　元内閣法制局長官回顧録』

👀　牧原出編『法の番人として生きる　大森政輔　元内閣法制局長官回顧録』（岩波書店　2018.2）には、強い印象を受けました。聞き手と聞き書きされるひとの問題意識、質問、その応答の呼吸がピッタリのようで、さらに「第15章　語り残したこと」の記述があることにより、聞き書き（OH）とはこういうものか、と思いました。歴史的証言を求められる、聞き書きされるひとの立場に立つと、それでも、なおかつ、語るべく言い残したものがある、という意味で、です。内容が一部、個人的に関わるものがあったからかもしれません。かつて、稲葉誠一議員（衆院）の「靖国神社問題」に対する質問に対する答弁書（昭和55年10月28日、鈴木善幸内閣総理大臣。国会法第74条の規定に基づく質問主意書に基づく答弁書です。国会議員は内閣に書面で質問でき、内閣は7日以内に回答する必要があります（質問者の了解を得て延長することができます）。答弁書案の作成、省内の審査担当部署（事項によっては関係省庁とも連絡）・内閣法制局の審査後、閣議決定するための内閣官房総務課（当時）への説明・資料づくりがあります（手続・閣議付託にはルールがあります。上記の答弁書はテレビニュースで報道されました。それを見た時の農林大臣の中川一郎さんは閣議でそのような議題はなかった、自分は了解していない、と憤慨（？）したそうです。これは農林省の事務方の閣議手続の説明不足によるらしいですが））に関わったことがありました。また、国家公務員60歳定年制の導入の際の教育公務員特例法施行令の改正やそのほか、内閣法制局第一部・第二部の解釈・立法担当の参事官からご指導を受け、また衆議院法制局で議員立法に関わったことがあります。いくつかの点で、記憶が蘇り、またそうだったの

か、ということがありました。

👀　法令の立案、法令審査、法令解釈などの法制執務の基本書は、議院法制局も『ワークブック　法制執務』（ぎょうせい）、『例解立法技術』（学陽書房）などを用いていました。法制執務は内閣・衆議院・参議院の三法制局共通でないと、支障が生じます。政府提出法案であっても国会に提出されると、その法案の修正（案）は、政府から離れそれぞれの議院の判断になります（その補佐は議院法制局です）。たとえば、「教頭」職の法律化は政府提出法案（学校教育法の一部改正法案）でしたが、衆議院文教委員会での採決の30分ほど前に改正の条文案に不適切な箇所が見つかりました。このときの初等中等教育局長は法令・法制執務・国会の手続に明るく、また、限られた時間ということで、修正案づくりは自ら衆議院法制局の文教委員会担当と"差し"で行っています。

👀　法務省所管の法令案の審査には、与党議員提出の議員立法の場合には議院法制局にはある種の抑制があるようですが（「第1　臨時教育審議会—回顧と土光臨調との対照」の資料2で、竹下元首相が述べられているとおりでしょう。法務省の専門性に対する敬意からと思われます）、内閣法制局の場合にも？　刑法第200条の尊属殺の規定は戦後も合憲とする事例がありましたが、昭和48年4月、最高裁で憲法第14条に反するとの判断がありました（法令の違憲判断ははじめてでした）。その刑法の条文について、同条を削り、以下の条文を繰り上げるのでなく、「第200条　削除」と改められました。元長官の回顧録119頁は、その事情の説明です（「削る」は条文自体が無になりますが、「削除」は改正条文の表現が「削除」となります。どちらをとるかは、その便宜・影響・支障の有無・度合などからです）。

👀　大森政輔元内閣法制局長官回顧録は、靖国神社は国家護持、国営神社にせよ、との主張のあったことを紹介していますが（121頁）、「靖国神社法案」は自民党議員の提案です。そのドラフトは、衆議院法制局が作成しています（三浦義男局長のときです。その次の次の局長の川口頼好さんは、「靖国神社法案の合憲性」を公表しています）。昭和49年4月12日、衆議院内閣委員会は同法案を可決しています（この日、東京では交通ストがありましたので、鮮明に覚えています。参議院は審議未了・不成立にするとのことで、衆議院が採決したとの噂

もあったようです）。同法案は、その後は国会に提出されることはありません
でした。宗教団体の支援を受ける与党議員の間でも考えが異なっていたから
かもしれません。

👀 「閣僚の靖国神社問題に関する懇談会」は、中曽根康弘首相のときです
（藤波孝生官房長官が主宰し、その事務は内政審議室でした。報告書の提出は昭和
60年8月9日です）。芦部信喜先生（文部省の宗教法人審議会委員でもありました）
が参加することを耳にしたときは、「オヤッ」との感じを受けましたが、元
長官の回顧録（120頁～129頁）、『ジュリスト』靖国神社公式参拝緊急特集、
芦部信喜『宗教・人権・憲法学』（有斐閣　1999年）を併せ読むと、この間の
事情が合点できました。

　　昭和50年代になると、公式参拝が取り上げられるようになりました。昭和
54年6月14日、大井民雄衆議院法制局長（川口頼好氏の後任です）は、自民党
の会合に呼ばれ「天皇をはじめ内閣総理大臣その他の国の機関の靖国神社公
式参拝問題に関する論点について」説明しています。

👀 上記の谷久光氏は、朝日新聞が靖国神社A級戦犯合祀と報じるとき（各
紙とも、ほぼ昭和54年4月19日の朝刊）、たまたま社会部当番デスクでした（朝
日新聞「検証　昭和報道225」による）。古賀誠氏からA級戦犯分祀論が出るの
は、後年のことです。OHの聞き書きは、個人的体験が中心ですから、それ
だけでテーマをカバーできないケースもあるでしょう。

👀 『法の番人として生きる　大森政輔　元内閣法制局長官回顧録』には、
信州高遠藩主の後裔内藤頼博さんについての記述もあります。高遠とゆかり
のある伊沢修二（東京音楽学校初代校長）、平山郁夫美術館やその他のことを
連想したしだいです。

◇　◇　◇　**文部省出身の政治家**

👀 「文部省出身の政治家にはどういう方がいましたか」、とのご質問です
が、あまりいないようです。新日本宗教団体連合会の支援を受けた楠正俊さ
ん、この方は元宗務課職員でした。国会議員さんの「宗教政治研究会」の幹
事もしていました。内藤誉三郎さんは、文部大臣になりました。柳川覚治さ
んは、藤巻健史さんのおじさんに当たるそうです。このほか、民主党から当

選した中島章夫さん（元初等中等教育局審議官）がいます。思いつくのは、このような方々です。現役の国会議員はおりません。

　法律案を通したり予算を獲得したりするためには、文部（科学）省出身の議員がいた方がやり易いかもしれませんが。自省出身の議員が必要かどうかは、分かりません。最近は、文部（科学）省の政務三役OBや自民党文教族との協力・連携は、坂田学校時代より希薄になっているのでしょうか？　かつての西岡武夫さんのような教育専門の議員さんは、少ないでしょう。

◇ ◇ ◇　教育行政と不祥事

👀「「道徳」、「人格の完成」、入学者選抜の公平の確保などに関わる教育行政の中央官庁として文部省は清潔な役所とのイメージですが、教育行政や文部（科学）省の汚職・疑惑はどうなのか」、とのお尋ねですが、古くは明治35年12月に発覚した教科書疑獄でしょう。これは文部省ではなく、教科書会社と府県の教科書採択事務に関わる者との小学校教科書の採択をめぐる贈収賄事件です。国定教科書への移行は、これが契機といわれています。最近では（平成29年頃の発覚ですが）、組織的な天下りあっせんの問題がありました。リクルート事件の判決では、文部省の「過剰接待」が指摘されています。関西のある大学の事務機器購入汚職事件については、田中森一さんの自伝的著作『反転　闇社会の守護神と呼ばれて』（幻冬舎　2007.6）でとりあげられています。行政処分、施設整備・後援名義・補助金などに絡んで、収賄、接待、贈与などがあるようですね。公金横領もあるようです。刑事事件になったものもありますが、懲戒処分や事実上の懲戒などもあるでしょう。

◇ ◇ ◇　江副氏の教育課程審議会・大学審議会の委員選任

👀　森喜朗著・聞き手田原総一朗『日本政治のウラのウラ　証言・政界50年』（講談社　2013.12）によると、浅利慶太さん・大沼淳さんなどが文部大臣室を訪れ、臨教審委員の選任について森喜文部大臣に働きかけた、と述べています。江副浩正さんも委員候補者になっていたそうです。江副『リクルート事件』は「当時、浅利さんは中曽根総理のブレーンであった。」（203頁）、と記しています。審議会委員の選任について、森喜朗さんとTさんは、

第12　リクルート事件　臨教審ルート？

まったく逆です。森さんは、人柄もよく人間的なお付き合いをしていたとい
う江副さんを臨教審委員に選任していません。牛尾治朗さんも選任していま
せん。Tさんは、江副『リクルート事件』によると、江副さんを教育課程審
議会・大学審議会の委員に自らお願いしています。中曽根首相の臨教審委員
案にあった牛尾さんも、教育課程審議会・大学審議会の委員になっていま
す。臨教審は、第8条機関でした。臨教審の委員の選任は、国会の同意事項
です。教育課程審議会・大学審議会は、そうではありません。森さんは、文
部省の上記の二つの審議会の委員選任のときにはすでに文部大臣を退いてい
ます。

👀「Tさんは、初等中等教育局長在任時、教育課程審の委員には"臨教審
のメンバーを超える人"といって教課審を発足させました。佐藤愛子さん、
畑中良輔さん、広中和歌子さん、臨教審の委員から漏れた江副さん、諸井さ
ん、牛尾さんが選任されています。自らが出張してお会いしたひともいたよ
うです。それまでの委員と比べるとこのときの委員の顔ぶれは異色ではない
か」、とのご質問ですが、このときの教育課程審議会の会長はノーベル賞受
賞者の福井謙一先生でした。会議では、化学が専門で化学しか知らないので
学校教育をどうするかは委員の皆さんのご指導をいただきたいと、ご挨拶な
さったそうです。小学校・中学校・高等学校などの教育活動は、学校教育法
などの法令やその委任を受け制定される学習指導要領に従い、地域や学校の
実態および児童・生徒等の心身の発達段階や特性などを考慮し教育課程を編
成し行われます。学習指導要領は、学校教育の実施に不可欠な基準です。こ
のときの教育課程審議会は、昭和60年9月に文部大臣から「幼稚園、小学校、
中学校及び高等学校の教育課程の基準の改善について」の諮問を受け、その
答申後、学習指導要領は昭和67年度以降、順次実施されることになっていま
した。したがって、一般的にいえば、専門的・技術的なことがらもあるとい
えるかもしれません。ご質問の臨教審のメンバーを超える人の意味が分かり
ませんが、審議会には、それぞれ、その目的・審議事項がありますからそれ
にふさわしい人が選ばれている、と思います。

👀「江副『リクルート事件』によると、教育課程審議会の委員の選任の際
に江副さんには大所高所から意見ということだった、江副さんがその趣旨で

発言しても文部省のご機嫌を損ねたときは文部省の人が押さえに来た（二度あった、その後の教育課程審議会の大半は欠席している）、この審議会の任務が初等中等教育の学校の教育課程編成の基準づくりとすれば「出席しなくても」「大所高所から発言を」というのはどういうことか、また、臨教審のメンバーを超えるとはどういうことか」、とのご質問のようですが。臨教審は、具体的な教科構成などについては小学校低学年の「社会」と「理科」を統合しての「生活」の新設、高等学校の「家庭科」の男女共修、社会科の再編成の検討を提言しましたが、そのこなしもあったでしょう。教育課程審議会はこの方向でまとめることになりますので、大局的な立場からの見方と同時に、教育課程・教育内容の専門家レベルでないと困る場合もあったかもしれません。それで、後に自分の選挙対策準備として著名なひとを集めての人脈づくりをした、と言われることにもなります。国会での質問者は、初等中等教育局長に利用されたというひともいた、といっていたようですが。もっとも、これは国会での質問者の質問のなかでの発言ですから。

👀　文部省・文化庁には、いろいろの審議会がありましたが、教育課程審議会以外での人選は、どうだったんですか？　江副さんは、大学審議会の委員にもＴさんから声がかかり、就任したと記しているようですが。また、江副さんは、「政府の審議会はその道の専門家ではなく著名人を集めた方が政府の意向を反映させやすいだろうと、私は思った。」と江副『リクルート事件』で記しています。あれやこれやとあって、選挙対策としての人脈づくりと勘繰られたわけですか？

👀　江副さんは、リクルート事件の報道がなされ、昭和63年7月11日に教育課程審議会委員・大学審議会委員、政府税制調査会委員を辞任しています。昭和63年10月12日の衆議院の「税制問題等調査委員会」による江副氏の病床質問（半蔵門病院）のなかで自民党海部俊樹委員「政府の審議会の委員に就任するため誰かに協力を依頼したことがありますか？」 江副「ありません。委員はすべて政府から要請を受け、お受けしたものです」（江副『リクルート事件』42頁）とのようですが。江副さんの前掲書には文部省関係者との交流についても記されているようですね。文部省ルート関係の判決をお読みいただくということになりますか？　「臨教審」から外れて「文部省ルート」に

190

第12 リクルート事件 臨教審ルート？

なってきましたので、この辺りでいいでしょう。

◇ ◇ ◇ 江副氏を臨教審委員から外した理由は？

👀 森喜朗さんは、昭和53年12月15日　自民党文教部会長、昭和58年12月27日　文部大臣（第二次中曽根内閣。昭和59年11月1日まで）、昭和59年8月21日臨時教育審議会発足です。森さんと江副さんとの出会い、就職協定等、大学学術局長の宮地貫一氏の公判での証言その他に関する森さんの見解は、五百旗頭真・伊藤元重・薬師寺克行編著『森喜朗　自民党と政権交代　90年代の証言』（78頁～92頁　朝日新聞社　2007.10）を参照してください。

👀 リクルート事件では、官庁では文部省ルート、労働省ルートの二つですが、その共通点は就職情報関連ということでしょう。リクルートの業務が有利に展開できるように、文部省、労働省と良好な関係を維持していきたい、とのことでしょうか。江副さんがいうようにメリットがないといえるかどうかですね。リクルートは、そこまでしなくても発展したと思いますが。臨教審疑惑も就職情報関連ということでしょうか？

◇ ◇ ◇ リクルート事件その後

👀 リクルート未公開株譲渡の17人の「政治家」で起訴（受託収賄罪容疑）されたのは、FさんとIさんのお二人だけです。Fさんは、平成8年10月に衆議院議員に返り咲きますが、不遇の生涯を送りました。教育の分野では、Fさん、Iさん、Tさんが収賄罪で有罪判決を受けています。江副浩正さんが贈賄罪です。起訴から江副判決の確定まで13年3月の歳月を要しています。江副浩正さんは、平成25年2月2日安比高原スキー場からの帰りに新幹線東京駅で意識不明となり、駿河台の救急病院に搬送され、そのまま回復することなくお亡くなりになります。

　岩見隆夫『政治家』（毎日新聞社　2010.5）は、東京地裁の判決（2003年3月4日）について、「甘い「江副判決」にあきれる "裁判官には、国の政治を乱し、国民の利益を損じた犯罪者に対する、一社会人としての憤りが感じられない。こんな甘い判決が出されるようでは、〈政治とカネ〉は永久に解決を見ない"」（235

191

頁）、と。Fさんについては、1989年5月受託収賄罪で起訴、起訴時56歳。有罪確定時の句は「今生の　喧嘩の果てに　小鳥来る」。"引退表明に記者会見で、リ事件の感想を求められ、「こんなばかばかしいことがあるのかと思うが、辛抱してじっと黙っていた」と語っている。スケープゴート扱いされたことへの怒りがこもっていた"（237頁）、と。

◇　◇　◇　　中島源太郎文部大臣の励ましのことば　「暉光日新」

臨教審の最終答申（第四次答申）は、昭和62年8月7日でした。同年の11月6日　竹下内閣が発足し、文部大臣には中島源太郎さんが就任しました。中島源太郎さんの在任中にリクルート事件が発覚します。　昭和63年12月27日、西岡武夫さんが文部大臣に就任します。中島源太郎さんは、文部大臣退任のあいさつで文部省職員に励ましのことばとして、「暉光日新」の語を贈ったそうです。「暉」は「輝」もありますが、同義です。今は、暗く辛いでしょうが、やがて陽の輝くときが必ず来ます、との意のようです。文化人・教養人の中島源太郎さんらしいことばだった、とのことです。

編著者略歴

渡部　蕃（わたなべ　しげる）

1943 年生。行政庁（文部省・文化庁、総理府）・衆議院法制局を経て、2000 年
4 月京都橘女子大学教授、その後、首都圏の私立大学へ、2014 年 3 月退職。

主な著書
『臨時教育審議会―その提言と教育改革の展開』
（学術出版会　2006 年 12 月）
『教育行政』（日本図書センター　2004 年 10 月）
『イギリスの教育改革』（第一法規　1990 年 10 月）
『逐条解説　宗教法人法　第 4 次改訂版』（ぎょうせい　2009 年 6 月）

主な論文
「私立学校振興助成法の成立と政治的ダイナミズム」（日本教育行政学会年
報・33　日本教育行政学会　2007 年 10 月）
「芸術文化と法律―立法論的観点から―」（京都橘女子大学研究紀要 第 30 号
2004 年 1 月）
「高等教育政策の展開とその特徴」（『大学創造』第 13 号　高等教育研究会
2003 年 6 月）
「宗教法人の公益性について　宗教立法の観点から（シンポジウム第二報
告）」（宗教法第 6 号　宗教法学会　1987 年）

臨時教育審議会 こぼればなし

2019 年（令和元年）7 月 31 日　第 1 刷発行

編著者　　渡部　蕃
発行者　　川角功成
発行所　　有限会社　クロスカルチャー出版　事業部
　　　　　〒 101-0064　東京都千代田区神田猿楽町 2-7-6
　　　　　電話 03-5577-6707　　FAX 03-5577-6708
　　　　　http://crosscul.com
印刷・製本　シナノパブリッシングプレス

© Watanabe Shigeru 2019
ISBN 978-4-908823-59-6 C0037　Printed in Japan